中国教育学会"十三五"教育科研规划课题
（课题编号：1711080178B）

经典书信诵读

驿信

张卫其 ◎ 主编

安徽师范大学出版社
·芜湖·

图书在版编目(CIP)数据

驿信 / 张卫其主编. —芜湖：安徽师范大学出版社,2018.4

ISBN 978-7-5676-3477-0

Ⅰ.①驿… Ⅱ.①张… Ⅲ.①书信-文化史-安吉县-小学-乡土教材 Ⅳ.①G624.451

中国版本图书馆 CIP 数据核字(2018)第 064825 号

YI XIN

驿信　　　　张卫其　主编

责任编辑：盛　夏
装帧设计：大春传媒
出版发行：安徽师范大学出版社
　　　　　芜湖市九华南路 189 号安徽师范大学花津校区　　邮政编码：241002
网　　址：http://www.ahnupress.com/
发 行 部：0553-3883578　5910327　5910310(传真)　E-mail:asdcbsfxb@126.com
印　　刷：虎彩印艺股份有限公司
版　　次：2018 年 4 月第 1 版
印　　次：2018 年 4 月第 1 次印刷
规　　格：700 mm × 1000 mm　1/16
印　　张：7.5
字　　数：98 千字
书　　号：ISBN 978-7-5676-3477-0
定　　价：54.00 元

21 世纪是一个知识经济的时代，知识的获得跟广泛的阅读积累密不可分。本次在世界范围内进行的课程改革有一个共同特点：非常重视儿童的阅读。从美国教育部提出的"挑战美国阅读""卓越阅读方案"到日本文部科学省确立的"儿童阅读年"，都可以明显地看出重视课外阅读已经成为各国的教育共识。我国的《全日制义务教育语文课程标准（2011 年版）》在"总目标"中对课外阅读的总量作出了具体而明确的量化规定：九年课外阅读的总量应在 400 万字以上，其中，小学阶段的课外阅读总量应不少于 145 万字。

与国外相比，我国的阅读教学研究还存在着一定的差距。首先，在语文教学中，大部分研究集中于如何改进儿童课外阅读存在的问题，这些研究都基于"教师本位"提出，忽视了儿童这一主体的身心特点与需求。其次，我国小学语文课外阅读指导策略在理论上的研究还不够深入、系统，小学生大面积的基于自我需求的课外阅读并没有真正涌现。

基于此，本课题组申报了课题：《基于儿童本位的小学语文"课外悦读"的实践研究》，努力用儿童的视角审视课外阅读，着力构建为了儿童发展和满足儿童自我需求的"课外悦读"体系，并将学校校本课程建设作为推进课外阅读的重要

内容。本课题被湖州市教育科学规划领导小组立项为"2016 年度湖州市教育科学规划课题"（课题编号：HZSGH16214），被安吉县社会科学界联合会评为"安吉县 2016 年哲学社会科学立项课题"，被中国教育学会立项为"中国教育学会'十三五'教育科研规划课题"（课题编号：1711080178B）。

本研究以安吉县 30 所小学的一到六年级学生为研究对象，在对课外阅读现状进行调查和分析的基础上，归纳问题的成因，结合相关的教育法规政策和教育管理理论提出建设性的对策和建议，有针对性地对课外阅读提出新的构想，并付之于实践。我们采取的主要措施是"体制上保障、理念上引领、实践上指导"，安吉县教育局、安吉县教育科学研究中心、安吉县教育保障中心出台了县级层面的规范性文件《安吉县中小学全科课外阅读指导意见》，明确提出了"课外悦读"活动的实施要求，并指导各校按照《安吉县中小学全科课外阅读指导意见》做好课外阅读的课程设置，最后还将课外阅读的考核纳入学校发展性评价指标。

在课题组的引领下，很多学校已将课外阅读提升到课程的高度进行建设，并取得了卓著效果：学校个性化"课外悦读课程"崭露头角，"主动参与式课外悦读评价体系"初步建成，书香校园建设日见成效，全员阅读的氛围日渐浓厚，书香安吉日渐显现。

安吉县递铺镇（现为递铺街道）是交通要道，古时设有驿站，以便传送公文及供往来官员歇息，此为"递铺镇"名称的由来。安吉县第三小学充分利用了这一得天独厚的驿文化，把小学六年作为孩子人生发展中的一个停靠站——驿站来打造，把驿文化作为学校文化来建设，围绕"让明天走得更好更远"的校训，为孩子今后的美好人生打下坚实的身体基础、精神基础和学习基础。

教材《驿信》开掘经典课程，诵读书信古诗词；夯实书信课程，挖掘书信文化；点染实践课程，走进地方邮驿；体会魅力课程，发扬责任精神，领略书信、书法魅力。《驿信》以专题组织单元，分为四组共十五课，以时间轴为序，带领学生先了解书信历史、书信别称、书信礼仪，诵读经典书信古诗词，阅读书信典故，然后踏入近现代书信的世界，感受书信在生活中的魅力。既有内容知识的梳理，又有经典诗词的积累;既有书信艺术的欣赏,又有实践活动的参与。课后还安排了资料袋、导学、学习足迹、学习收获等栏目,着力体现得"驿信"知识,悟"驿信"文化。

我们也期待在研究的过程中,这样的不是应景式的"课题成果"不断涌现,让这样的创意带着我们的孩子踏上"1+X"的大语文阅读之路,看世界,丰内心,悦人生!

我们的研究得到了湖州市教育科学研究中心许建萍老师、王焱媛老师,安吉县教育科学研究中心教科所叶伟强主任,安吉县教育局基教科邱海荣副科长的倾心指导,在此,一并表示衷心感谢!

中国教育学会"十三五"教育科研规划课题组组长　张卫其

一、背景分析

追溯3 000年的中国邮驿史，邮驿不但是历代封建王朝的御用通信工具，而且是我国有组织管理、有计划部署的官方主管部门，它还兼备部分民间通信职能。古代邮驿被看作为"国之血脉"，现已成为世界级的物质与非物质双重文化遗产。追溯历史，安吉递铺是个交通要道，设有驿站。我们要秉承安吉驿文化，担负使命，责任力行！

驿文化是由名称、图案、文字、传说、实物等综合组成的体系，它是世界级的物质与非物质双重文化遗产。历史久远的"烽燧""驿道""驿站""驿城"等是有形的物质文化遗产，书信、诗词、歌赋、传说、精神等是无形的非物质文化遗产。邮驿书信作为非物质文化遗产，与人们政治、经济、文化生活息息相关。学校拾起角落里的驿信教学，让它回归历史肩负的责任，点燃信息传递的功能，抒发驿信表达的情感，开展驿信的综合实践活动。铺开信笺，奥秘就在其中：驿信历史、驿信礼仪、驿信经典、驿信情感……让学生在教材的学

习中得到全面熏陶。

二、课程意义

书信曾是人们生活中不可或缺的沟通方式,然而,随着互联网的迅猛发展,信息沟通越来越方便,电子邮件、QQ、微信等社交工具能让远隔千里的人们实现沟通无障碍,传统的书信是否会消失在人们的记忆中?通过驿信教学,使学生正确认识书信,懂得书信的特殊功能,从而爱上书信。

那么,书信具有哪些意义呢?首先,它可以作为证明资料,亲笔签名写信是一种证据。其次,书信有一定的收藏价值。用手机、电话通话,通话结束,这段对话也就消失了,但是书信的来往长久存在,可以收藏回味。再次,由于书信上有日戳,它能表明业务发生的时间和地点等,这可以见证自己做过的事、去过的地方。最后,相比QQ等网络工具,书信更具有隐密性,最重要的是还具有浓厚的人情味。一封信件,所携带的是作者的情感和可信度,故见字如见人。

三、课程目标

(1)了解书信的历史文化,积累书信中的经典国文,掌握书信的正确格式。

(2)学会通过多种方式搜集资料、进行信息处理,鉴赏名人手写体书信艺术,感受书信表达的深情厚谊。

(3)面对传统与现代,正确对待书信,在生活中运用书信,抒发内心的真实情感。

四、课程内容

本册教材以专题组织单元,共设四组,分别是:第一组"初探驿信历史",第二组"诵读驿信经典",第三组"阅读书信故事",第四组"综合性活动:走近现代书信",总计十五篇课文。附录内容包括安吉驿文化概况、安吉境内古驿道遗存统计等。教材分两学期进行教学,适用于中高年级学生。该教材以时间轴为序,带领学生先了解书信历史、书信别称、书信礼仪,诵读经典书信古诗词,阅读书信典故,然后踏入近现代书信的世界,感受书信在生活中的魅力。既有内容知识的梳理,又有经典诗词的积累;既有书信艺术的欣赏,又有实践活动的参与。教材除课文外还安排了资料袋、导学、学习足迹、学习收获等栏目,着力体现得"驿信"知识,悟"驿信"文化。

五、课程实施

1.明确课程目标

学校秉承驿文化,在驿课程的学习中,使学生勇于承担使命,责任力行。浙江省教科院王健敏副院长指导学校驿文化教育工作时这样说:

"每一个孩子都是独一无二的,每一个孩子都是不可替代的,每一个孩子都应有一份担当。"

目标决定方向,我们紧紧围绕校训"让明天走得更好更远",积极开发教学资源,不断地完善驿课程。

2.搭建课程结构

课程是学校最重要的产品,是学校的核心供给力。育人目标要通过课程落实。我们相信:结构决定品质。钻石和铅笔芯都由碳元素组成,但因为晶体结构的不同,就产生了不同的价值。同样,共性与个性、基础与拓展,当我们用合理的课程进行整合时,常常能发生化学变化。基于驿文化,我们搭建了德育驿课程:

(1)驿信课程:以"驿文化"的载物——信件为交流点,发挥书信的功能:传递信息,表达情感。

(3)驿站课程:以"驿文化"的歇息地——驿站为立足点,挖掘驿站的文化意蕴:环境育人,社会体验。

(3)驿动课程:以"驿文化"的精神——"使命感"为激发点,开展主题教育特色活动:传承发展,责任力行。

此三项课程各自独立,又相互衔接,连为一体。驿信是其中的一项,着重围绕驿文化中的非物质文化遗产进行开发研究,是驿课程中的重点开发课程,以此为中心,驿站、驿动相应形成一体。

3.开展课程活动

(1)确定课程内容。对于教师和学生而言,"教什么"和"学什么"的问题至关重要。驿信课程分为古代和现代两大部分,我们搜集了大量资料,并进行整理归纳,汇编适合孩子阅读的课程教材。在厚重的历史中汲取精华,在经典的古诗词中寻找名篇,在名人的书信中撷取佳作。从传授到欣赏到阅读到活动,整册教材通过多学科、多视角、多体验的方式,让学生感受驿信的魅力所在。

(2)编写配套教材。除本册教材外,我们还编写了配套的教学用书,针对四个主题单元"初探驿信历史""诵读驿信经典""阅读书信故事""综合性活动:走近现代书信",分别从教材解读、教学目标、教学建议三个板块进行说明,并设计了每一课的导学教案,为教师的课堂教学明确方向。同时配套学生手册,内容设计同课堂教学一致,从"预则立""探则知""拓则宽"三方面入手,引导学生课前预习,课中探究,课后拓展。

（3）整合课程时间。第一,专设社团课。每周三下午二、三两节课是社团时间,由授课老师系统地分层次地按教材进行授课。第二,整合语文课。驿信与语文学科有着紧密联系,如课文《一个中国孩子的呼声》《秋思》《青山处处埋忠骨》《凡卡》中都有着书信的足迹,语文老师在课堂中有机渗透书信教育。第三,安排活动课。学校德育处结合地域文化与特定节日,比如妇女节、清明节、中秋节、春节等开展书信教育实践活动,让学生体验书信的情感功能。

六、课程评价

（1）坚持评价内容的多维化。一是对课程本身进行观察评价,在实施过程中分析评价课程目标、内容、方法的科学性和合理性,以便及时调整。二是对学生进行综合评价,不仅关注信息的获取,还重视学生多方面潜能的发展;不仅关注结果,还重视学生的学习过程和学习态度,尤其是创新精神和实践能力方面的进步与变化。

（2）坚持评价主体的多元化。主要采用教师的评价、学生的自我评价、学生之间的互评相结合,多种评价方式并行。加强学生的自我评价和互评,让家长参与课程评价活动,要在学习活动的情景中评价学生,根据不同学生的实际背景进行个性化评价,同时要帮助学生学会自我评价。

（3）坚持评价方式的多样化。把结果评价与过程评价、定性评价与定量评价结合起来。根据课程的目标,学生的学习方式主要有听读、搜集、诵读、观察、写作,相应地,我们对学生的评价标准从"积累背诵、课堂交流、驿信展示、行为变化、情感表达"入手,对学生的行为表现予以鼓励、表扬等积极的评价为主,采用激励性的评语,做到正面引导。同时,根据学校骑士争章活动,奖励颁发"信"章。

学校争章评价体系示意图

本书编委会

目录
CONTENTS

第一组　初探驿信历史

　　书信，拥有悠久的历史，在人类交流与沟通的历史上占有重要地位。我国历史文化悠久，是著名的礼仪之邦，书信具有中华民族独特而又浓厚的文化色彩。让我们走进历史，去揭开书信神秘的面纱。

　　阅读本组文章，了解书信悠久的历史，感受古代信息传递的方式，学会搜集书信历史资料，在小组内与同学交流。

一

邮驿传书

　　每年的 10 月 9 日是"世界邮政日"。当文明发展到一定程度之后，人们在异地传递信息成为一种自然的、迫切的需要。由此，便出现了书信等通讯方式，我国的邮政史走上了漫长而曲折的发展道路。

古时烽火传军情

　　防范敌人的入侵是古代国家和部族重要并急需传达的信息。早在西周时，在都城镐京（今陕西省西安市）东部的骊山设有许多烽火台，每座烽火台都间隔一定距离。敌人入侵时，就燃起烽火报警。京城附近的诸侯看到信号便赶来救援。周幽王"烽火戏诸侯"的故事，就是从这里来的。这种行之有效的通信方法一直沿用到明清。用烽火传递军情，虽然很快，却无法把中央政府的具体命令传达下去。所以，人们在使用这一方法的同时，利用人力、畜力进行通信。早在春秋战国时，各诸侯国已经有了邮驿，往返传送官府文书。

唐宋邮驿为官府专用

唐代的邮驿盛极一时,全国设驿 1 639 所,遇有紧急公文,通信使者扬鞭催马,朝夕可行三百余里。"一驿过一驿,驿骑如星流。平明发咸阳,暮及陇山头。"唐代诗人岑参的这首诗是对当时邮驿发达的生动写照。

唐代邮驿示意图

急递铺是一种处理紧急文书的机构。它创于北宋初期,原称递铺。宋代的递铺有三种:步递、马递、急脚递。其中急脚递传送公文的速度最快,可日行 400 里。后来又出现了金字牌急脚递,由皇帝御前直接发出,铺兵腰系响铃,手执金字牌,兼程急进,接力传达,规定昼夜飞驰 500 里。宋人形容说,金字牌"光明眩目,过如飞电,望之者无不避路"。

明代出现传递私信的民信局

无论是邮驿还是急递铺,都是传递政府公文的机构,不办理民众的通信。普通百姓想要互通音信,只能遣人远道传书,或托行商携带,非常不便。为了适应民众通信的迫切需要,明朝永乐年间出现了一种专门为民间传递信件的组织——民信局。民信局开始出现于东南沿海经济比较发达的地区，以后逐渐延伸到各地。

资料袋

信封是人们用于邮递信件、保守信件内容的一种装载文件信息的袋状装置。汉乐府民歌中说："客从远方来，遗我双鲤鱼，呼儿烹鲤鱼，中有尺素书。"这里的"双鲤鱼"，就是汉代时的信封了。这种信封，用两块鱼形木板做成，中间夹着书信，两边用绳系紧。解绳开函，便可看到用素帛写的书信。

中国第一套邮票——大龙邮票

邮票是寄信人为邮政服务付费的一种证明，将邮票贴在信封上，再由邮局盖章，证明寄信人已支付费用。邮票的方寸空间，常体现一个国家或地区的历史、科技、经济、文化、风土人情、自然风貌等特色，这让邮票除了邮政价值之外还有收藏价值。

导　学

1. 查驿信历史。查找中国邮政历史，了解驿站的设置，明白驿使的职责，知道驿信的最初功能，考证"八百里加急"的说法。

2. 知递铺源头。介绍安吉递铺的历史，结合图片欣赏驿站广场、独松关，了解安吉的驿文化。

3. 看剧情视频。欣赏历史性题材电视、电影场景中驿使策马奔驰的场景。

学习足迹

预则立

探则知

拓则宽

学习收获

二
早期的书信

常言道："口说无凭"。为了更好地取信于对方，同时也为了避免遗忘和差错，人们便逐步创造了一种"实物信"。

人类创造文字以前，在一些民族通信史上出现过"贝壳信"或"结绳信"。所谓"结绳信"，就是在绳子上结大小不一的各种疙瘩，并涂上不同的颜色，用来表示各种不同的事情。我国古书上说过："上古结绳而治"，又说："事大，大结其绳；事小，小结其绳"。

春秋战国时代，我们的祖先就开始用竹子和木板作为书写的工具了。他们用刀子把竹子或木头刮削成一条条狭长而又平滑的小薄片，用毛笔蘸了墨在上面写字。这些用来书写的竹片叫竹简，木头做的叫木简，又叫片版牍，或称牍。用来写信的竹简或木简通常三寸宽、一尺长，所以人们就把信称为"尺牍"。尺牍一

古代结绳记事

般由两块木简组成，写信的时候，先在底下这块木简上写上要说的话，写完了在上面再加盖一简，并写上收信人和发信人的姓名——这就相当于现在的信封了，然后用绳子从中间将两简捆扎结实。为了防止别人路上拆看，在打结的地方，还要加上一块青泥，再盖玺印，这盖有玺印的泥叫封泥，然后就可以派信使把信送出了。

竹简

据历史记载，西汉文学家东方朔，有一次写了一封给汉武帝的信，竟用了 3 000 根竹简，他雇了两个身强力壮的武士，才勉强把这封信抬进宫去。

世界上现存的最早的家信就是刻在木块上的，在我国湖北省云梦县睡虎地四号秦墓中，曾挖掘出"木牍"书信两件，保存完好。

《汉帛书黄帝书》书影

战国后期，人们把信写在一种又轻又薄的丝绸——绢帛上，这种信叫"尺素书"。这种"尺素书"是把写好的信笺（素）夹在两块刻成鲤鱼状的木块之间，故又称作"鱼书"。但由于绢帛价格昂贵，只有有钱人家用得起。

这些实物信的制作和使用都有许多缺点和不便。当最理想的书写工具——纸发明以后，这些不同形式的信就逐渐退出历史舞台了。

资料袋

　　古代秘鲁的印第安人就曾用五色的贝壳来当作文字。他们把贝壳磨制成一个个光滑的小片,再涂上不同的颜色,用以表示不同的意思,然后再用一根粗绳子把这些贝壳串成一根带子,名曰"笕班",就能表达复杂的内容,成为一封信了。为了防止出差错,每个发信人必须亲自把"笕班"交给送信人,并当面把意思交待清楚,送信人牢牢记住,边走边背,直到把它送到目的地为止。据说有一次,一个印第安部落收到了另一个部落送来的一封"笕班":在一根绳子上,串着黄、白、红、黑四只经过磨制的贝壳。这是什么意思呢?信使指着一个个贝壳大声说道:"如果你们愿意向我们纳贡,就可以讲和,不然就开战,统统杀死你们!"原来,他们是用黄颜色表示贡礼,用白颜色表示和平,用红颜色表示战争,用黑颜色表示死亡。在这封信里,一个带色的贝壳就相当于一个完整的句子了。

导学

　　1. 通读课文,了解早期的书信。文中介绍了"结绳信""尺素书""鱼书""竹简""木简"这些早期的书信,大致了解这些书信的特点。

　　2. 了解国内外早期的其他实物信。

学习足迹

预则立

探则知

拓则宽

学习收获

三

有趣的书信别称

在古代，信件是不称"信"的，它有种种别称。

书：古代对信件的最常见的称词。如杜甫的"烽火连三月，家书抵万金"中的"书"是指信。

简：在汉代以前没有纸，通信时把信的内容刻在或写在木片或竹片上，引申为信件，如"书简""小简"。

笺：本指精美的纸张，供题写诗、词或写信等用。一般信纸也叫笺，如"便笺""手笺"。

札：原为写字的小木片，《古诗十九首》中有"客从远方来，遗我一书札"。这里的"札"即为书信之称。

牍：原也为写字的木片，《汉书·昌邑（yì）哀王传》中有"簪笔持牍趋谒（yè）"，故后书称公文为"文牍"。

素：古为白色的绢，通常长一尺。短笺为"尺素"。

函：指封套，相当于现在的信封，一封信称为一函。《三国志·魏·刘晔传》中有"（曹操）每有疑事，辄以函问晔，至一夜数十至耳"。这里的"函"引申为信件，又如"便函""来函"。

缄：指用来捆绑器物的绳索。而用绳索的目的是将器物密封或封口，书信一般是具有保密性的，也需要密封，因此就用缄来代称书信。

翰：本义是指鸟羽。古时曾用羽毛为笔，故用"翰"代称笔，"华翰"是取"华"美观、精华、有文采之义，用来表示对别人书信的敬称。

帖：古代写在帛上的信就叫"帖"。如著名书法家王羲之、王献之的杂帖，就是文字简单、情义隽永的书信。

双鲤：指两块雕刻有鲤鱼图案用来放书信的木盒，也就是书信的封套，代称书信。唐刘禹锡《途中送崔司业使君扶持赴唐州》中有"相思望淮水，双鲤不应稀"。也有称为双鱼的，唐杜甫《送梓州李使君之任》中有"五马何时到，双鱼会早传"。因此，"双鲤""双鱼""鲤鱼""鱼素""鱼雁"等也是书信的别名。

鸿雁：它在文学作品中常被比作书信。其典出《汉书·苏武传》："天子射上林中得雁，足有系帛书，言武等在某泽中。"由此还引出"北海雁书""鸿雁传书"等书信别称词。

朵云：笺上的一种五朵云的花纹，文人常用有这种图案的笺纸写信，后来就用朵云作为对别人书信的敬称。宋汪洋《回谢王参议启》有句："尚稽尺牍之驰，先拜朵云之赐。"

随着汉语双音节词的大量出现，人们将原来表示书信的单音节词两两组合，合成一个词来指代书信，意思并没有发生变化，如"简书""简帖""书牍""书札""帛书"等。

资料袋

在古代，写字用的小木片叫"札"。魏晋时期，书札应用甚为普遍，并且渗透到文学、书法等各个方面。魏晋士大夫崇尚玄学清淡，讲求举目风度，并且互相品评标榜。在这种风气之下,士族格外注重自己的文化修养,给人写信时,就要求礼仪规范、文辞雅词以及潇洒的书法。书札能体现一个人的综合文化素质,钟繇、王羲之等人都善书札。此时还尚简,语言务求简要,无论是寒暄问候,还是论人议事,往往三言两语,就能达到效果。

"八行书"也是信札的代称,旧时信件每页八行,故称为八行书。温庭筠词曰:"八行书,千里梦,雁南飞。""柬"也是书信的别称,在古代柬与简通用,是信件、名片、贴子之类的统称,如请柬、贺柬、书柬等。

导 学

1. 正确读准下列字词,注意加点字的读音。

信笺　文牍　华翰　帛书　缄口　书札

2. 你最喜欢书信的哪个别称?小组内进行交流讨论,还可以深入了解一些书信别称的故事。

3. 书信还有其他别称,学习小组可以去调查收集。

学习足迹

预则立

探则知

拓则宽

学习收获

四
书信礼仪知多少

　　中国是礼仪之邦，文化历史悠久，书信不仅要讲究修辞、文法，更要注重礼节、礼貌。平常通信，如果能够在清晰表达的基础上熟练使用书信的格式、用语，自然显得高雅、生动，给人一种美的享受。

　　书信虽然是一种个性化很强的运用文，写法上也比较灵活，但还是应该遵循一定的要求：一是书写格式的规范，二是书信语言的礼仪规范。这两种要求都必须严格遵守，否则就会出乱子，闹笑话。

　　书信的基本结构如下：

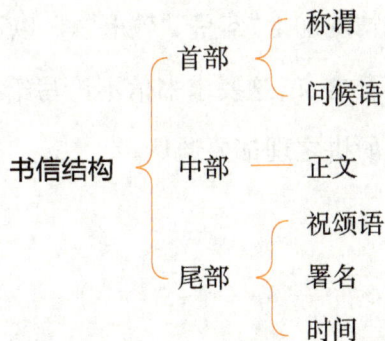

```
                      ┌ 称谓
              首部 ┤
                      └ 问候语

书信结构 ┤     中部 ── 正文

                      ┌ 祝颂语
              尾部 ┤  署名
                      └ 时间
```

书信结构示意图

在这些格式中有哪些礼仪小知识呢？

1. 称谓在信纸第一行顶格写起，后加冒号，视情况加上"尊敬的""敬爱的""亲爱的"等形容词，以表示敬重或亲密之情。

2. 问候是一种文明礼貌行为，也是对收信人的一种礼节，体现写信人对收信人的关心。最常见的是："您好！""近好！"依时令节气不同也常有所变化。问候语之后，常有几句启始语。如"久未见面，别来无恙。""近来一切可好？""久未通信，甚念！"之类。问候语要注意简洁、得体。

3. 书信的结尾都要写上表示敬意、祝愿或勉励的祝颂语，这是对收信人的一种礼貌。以一般的"此致""敬礼"为例。"此致"可以有两种正确的位置来进行书写：一是紧接着主体正文之后，不另起段，不加标点；二是在正文之下另起一行空两格书写。"敬礼"写在"此致"的下一行，顶格书写，后应该加上一个叹号，以表示祝颂的诚意和强度。

称谓和祝颂语后半部分的顶格，是对收信人的一种尊重，是古代书信"抬头"传统的延续。古人书信为竖写，行文涉及收信人姓名或称呼时，为了表示尊重，不论书写到何处，都要把对方的姓名或称呼提到下一行的顶头书写。

4. 署名在全张信纸的二分之一以下，称谓和署名要对应，表明关系。如"儿""弟""兄"等，后边写名字，不必写姓。如果是写给组织的信，一定要把姓与名全部写上。有时视情况加上"恭呈""敬上"等，以示尊敬。

"信"字本身含有信任之义，这要求书信不论写给谁看，所述之事都要实在，所表之情都要率真，所讲之理都要通达。

资料袋

我们来学习一些书信礼仪的专有用词。"勋鉴"缀于信首收信人的称呼之后。鉴，即古代镜子，有审察的意思。勋，功德，功劳。勋鉴的大意是有功德之人看，多用于政界、文界。对身居高位、有功勋业绩者，也可用"勋鉴"。"令尊"指对方的父亲；"令堂"指对方的母亲；"令荆"指对方的夫人；"令爱"指对方的女儿；"令郎"指对方的儿子；"文几"指的是"几案"，就是写字台，"二兄文几"是说把书信送达几案上，表示对兄长的尊重；"谨上"的意识是恭敬、谨慎地呈上，用于书信署名后，表示敬重。

导学

1. 知识查阅：这些词句都包含了哪些书信礼仪？

（1）道鉴、惠鉴、台鉴。

（2）顷读惠书，如闻金石良言。

（3）谨寄数语，聊表祝贺。

2. 以一封书信为例，小组内讨论这封书信礼仪表现在哪些地方？

3. 伙伴合作：自编一些书信格式顺口溜。

学习足迹

预则立

探则知

拓则宽

学习收获

五
驿使图

　　《驿使图》是中国邮政的标志，来自嘉峪关魏晋墓出土的彩绘壁画砖，它生动地记录了距今1 600多年前这一地区的邮驿情形，是我国发现最早的古代邮驿的形象资料。

　　《驿使图》绘于公元3世纪前后，它表明我国是世界上最早建立邮驿的国家之一。原画长34厘米，宽17厘米，为米色底，黑色轮廓线，马身涂黄，还有几笔红色的斑块。画面是一个邮驿使骑在红鬃马上，头戴进贤冠，身穿右襟宽袖衣，足蹬长靴，左手举木牍文书，驿骑四蹄腾空，

古代《驿使图》

信使则稳坐马背，反衬出驿马速度的快与信使业务的熟练，特别是图中驿使脸上的五官独独缺少了嘴巴，传说意在表明昔日驿传的保密性。

　　后来，《驿使图》作为邮票图案专门单独发行，票图古朴、典雅，一面世就

受到集邮者的喜爱。

《驿使图》已悄然成为中国邮政的"形象大使"。

资料袋

《后汉书》记载汉代驿使服饰是"赤帻(zé)绛(jiàng)褠(gōu)",即头戴红色巾,身穿大红袖上衣。"驿使图"中信使手举一竹简信札,简单流畅的线条勾勒出了人物和马的动态。

1982年8月,中华全国集邮联合会第一次代表大会在北京开幕,为纪念这一集邮文化界的盛事,原邮电部选中《驿使图》为邮票图案专门单独发行,小型张邮票底图是一只只浅色大雁,暗合了古代"鱼雁传书"的典故:"客从远方来,遗我双鲤鱼。呼儿烹鲤鱼,中有尺素书。"中国邮政储蓄绿卡通也选用了《驿使图》,向世界展示《驿使图》的古典美。

中华全国集邮联合会第一次代表大会《驿使图》纪念邮票

中国邮政储蓄银行《驿使图》绿卡通

导学

1. 搜集有关《驿使图》的微博并读一读,了解魏晋的彩绘壁画砖文化。

2. 请你为《驿使图》设计宣传语。

学习足迹

预则立

探则知

拓则宽

学习收获

第二组　诵读驿信经典

　　泱泱华夏有着悠久的历史，厚重的文化。自古至今，书信文化为源远流长的文字记载添上了浓墨重彩的篇章，特别是在古代，书信是传递信息、沟通思想、表达情感的重要方式。

　　阅读本组文章，了解有关书信的古诗词、历史典故和名人故事，进一步体会书信在那个年代所承载的使命和意义。

六
古诗词四首

春 望
唐·杜甫

国破山河在,城春草木深。

感时花溅泪,恨别鸟惊心。

烽火连三月,家书抵万金。

白头搔更短,浑欲不胜簪。

资料袋

唐朝曾经是中国历史上最昌盛的朝代。公元755年至763年,唐朝的历史上发生了惊天动地的大事,那就是"安史之乱"。安禄山和史思明的叛军攻入了长安城,在长安城烧杀抢掠,把繁华的长安城糟蹋得几乎成了一片废墟。"安史之乱"使多少人家破人亡,妻离子散。杜甫也被叛军抓到长安,他孤身一人远离亲人,在春天,目睹长安城满目荒凉的景象,触景生情,挥笔写下了《春望》这首千古绝唱,以家书的不易得来表现诗人对国家深深的忧虑。

导　学

1. 知晓作者杜甫。对写作背景进行一定的了解能更好地帮助读诗。

2. 感知整体诗意。想象和平年代繁华的国都是一番什么景象?街上比肩接踵,集市上人声喧哗,一片繁荣的景象。而今被叛军占领的长安城,放眼望去,看到的是杂草丛生。人到哪里去了?

3. 品味作者情感。在这样动荡的年代,在这样"恨别鸟惊心"的年代,诗人最盼望的是什么?为什么这样一封薄薄的家书却抵得上"万两黄金"呢?他多么希望能够得到一封报平安的家书啊!他盼望到了什么程度呢?杜甫当时只有45岁,人到壮年,为国家而担忧,为亲人的离别而忧愁,头发都白了。

学习足迹

预则立

探则知

拓则宽

学习收获

逢入京使

唐·岑参

故园东望路漫漫，

双袖龙钟泪不干。

马上相逢无纸笔，

凭君传语报平安。

注释：

（1）入京使：进京的使者。

（2）故园：指长安或自己在长安的家。漫漫：形容路途十分遥远。

（3）龙钟：涕泪淋漓的样子。

（4）凭：托，烦，请。传语：捎口信。

资料袋

　　《逢入京使》是一首边塞诗,岑参第一次从军西征,他辞别了居住在长安的妻子,跃马踏上了漫漫的征途,表现出唐军高昂的士气和震撼大地的声威。但当战士踏上征途之后,他们不可能没有思乡的感情,也不可能不思念父母妻子。这首诗语言朴素自然,充满了浓郁边塞生活气息,既有生活情趣,又有人情味,清新明快,感情真挚。"马上相逢无纸笔,凭君传语报平安",这两句是写遇到入京使者时欲捎书回家报平安又苦于没有纸笔的情形,完全是马上相逢行色匆匆的口气,写得十分传神。

导　学

　　1. 读通读顺。七言律诗可以二二三停顿,也可以四三停顿,划分朗读停顿线,有节奏地读一读。

　　2. 根据注释,借助学习工具解决难词,疏通诗意。

　　3. 体会情感。深入诗句,你从哪里体会到了作者强烈的思想情感? 如"逢"字点出了题目,在赴安西的途中,遇到作为入京使者的故人,彼此都鞍马倥偬,交臂而过,一个继续西行,一个东归长安,而自己的妻子正在长安,正好可以托故人带封平安家信回去,可偏偏无纸笔,只好托故人带个口信。

　　4. 课外搜集有关驿信的古诗。

学习足迹

预则立

探则知

拓则宽

学习收获

渔家傲·寄仲高

宋·陆游

东望山阴何处是？往来一万三千里。写得家书空满纸。流清泪，书回已是明年事。

寄语红桥桥下水，扁舟何日寻兄弟？行遍天涯真老亦。愁无寐，鬓丝几缕茶烟里。

注释：

（1）渔家傲，词牌名。仲高：陆升之，字仲高，陆游的堂兄。

（2）山阴：今浙江省绍兴市，陆游的家乡。

（3）红桥：又名虹桥，在山阴近郊。

（4）扁（piān）舟：小船。

（5）愁无寐（mèi）：愁中失眠。

（6）鬓丝：形容鬓发斑白而稀疏。茶烟：煮茶时冒出的水气。

资料袋

《渔家傲·寄仲高》讲述了兄弟久别之情。陆升之，字仲高，比陆游大十二岁，有"词翰俱妙"的才名，和陆游感情很好。"写得家书空满纸"和"流清泪"透露出思家之情的深切。作者道不尽的酸楚，岂是"家书"能表述清楚的。"书回已是明年事"更加伤感。一封家信的回复，竟要等到来年，这种情境极为难堪，表达却极新颖。下阕起，从思家转到思念仲高。"寄语红桥桥下水，扁舟何日寻兄弟？"巧妙地借"寄语"流水来表达怀人之情。

导 学

1. 让我们去认识一下大诗人陆游吧。搜集资料，了解陆游生平，探寻其仕途故事，诵读其诗词作品。

2. 在词的上阕，作者是如何表现自己的"愁"的？

学习足迹

预则立

探则知

拓则宽

学习收获

一剪梅

宋·李清照

红藕香残玉簟秋。轻解罗裳,独上兰舟。云中谁寄锦书来?雁字回时,月满西楼。

花自飘零水自流。一种相思,两处闲愁。此情无计可消除,才下眉头,却上心头。

注释:

(1)一剪梅:词牌名。

(2)红藕:荷花的别称。

(3)簟(diàn)秋:意谓时至深秋,精美的竹席已嫌清冷。

(4)兰舟:木兰树做的船,船的美称。

(5)锦书:对书信的一种美称。

(6)雁字:雁群飞时,列"一"字或"人"字形。

资料袋

李清照，自号易安居士，山东济南人。她贤惠多才，十八岁嫁于金石学家赵明诚为妻，夫妇感情深厚。然而，"自古红颜多薄命"，北宋灭亡后，赵明诚因病去世，她颠沛流离于江南，在孤寂中度过晚年。她前期词多写闺情相思，后期词融入家国之恨与身世之感。

这首词作于李清照和丈夫赵明诚远离之后，是一首倾诉相思、别愁之苦的词。"云中谁寄锦书来？"惦念丈夫，望眼欲穿，真是"家书抵万金"。"谁寄"之叹，实际是无人寄书，盼望音讯的她仰头叹望，竟产生了雁足回书的遐想。难怪她不顾夜露浸凉，呆呆伫立凝视，直到月满西楼而不觉。

导 学

1. 学其诗，就得知其人。李清照，出生于书香门第，有"千古第一才女"之称。收集李清照资料，组内进行交流分享。

2. 找找词中体现作者心理状态的字眼。

3. 欣赏歌曲《月满西楼》，学着唱一唱。

学习足迹

预则立

探则知

拓则宽

学习收获

七
历史典故四则

烽火传军情

　　"烽火"是我国古代用以传递边疆军事情报的一种通信方法,始于商周,延至明清,相习几千年之久,其中尤以汉代的烽火组织规模为大。在边防军事要塞或交通要冲的高处,每隔一定距离建筑一高台,俗称烽火台,亦称烽燧、墩堠、烟墩等。高台上有驻军守候,发现敌人入侵,白天燃烧柴草以"燔

烽火台　　　　　　　　周幽王"烽火戏诸侯"

烟"报警,夜间燃烧薪柴以"举烽"(火光)报警。一台燃起烽烟,邻台见之相继举火,逐台传递,须臾千里,以达到报告敌情、调兵遣将、求得援兵、克敌制胜的目的。

在我国历史上,还有一个为了讨得美人欢心而随意点燃烽火,最终导致亡国的"烽火戏诸侯"的故事。

鸿雁传书

汉武帝时汉廷与匈奴之间常有战事。有一次,匈奴派使者前来求和,并把扣留的汉朝使者放了回来。汉武帝为了回应匈奴的善举,派中郎将苏武拿着旌节,带一千人等出使匈奴,没想到却出了意外。

单于想逼迫苏武投降,苏武说:"要我投降,除非海枯石烂,日从西升。"他宁死不屈,举刀自刎,经过抢救才幸免于难。苏武随后被单于流放到北海无人区牧羊。苏武一个人在冰天雪地里放羊,万般艰辛。没有粮食,他就挖田鼠藏在洞里的食物充饥;口渴了就抓把雪吞下解渴。唯一和他做伴的就是那根代表朝廷的旌节,日子一久,旌节上的穗子全掉了。

转眼间十几年过去了,这时汉昭帝已继位,匈奴老国王也已驾崩,换了新单于,汉匈议和,汉人和匈奴人通婚。汉昭帝遂派使者前往匈奴,要

苏武流放牧羊图

求放苏武回去，单于谎称苏武已经死去，使者信以为真，就没有再提。当汉昭帝第二次派使者到匈奴时，和苏武一起出使匈奴并被扣留的副使常惠设法买通了禁卒，秘密会见了汉使，把苏武还活着而且正在北海牧羊的消息告诉了汉使，并想出一计，让汉使对单于讲："匈奴既然存心同汉朝和好，就不应该欺骗汉朝。汉朝天子在上林苑打猎时，射到一只大雁，雁足上系着一封写在帛上的信，上面写着苏武没死，而是在一个大泽中牧羊。你怎么说他死了呢？"单于听后大为震惊，以为苏武的忠义感动了飞鸟，连鸿雁也替他传送消息了。他无法再抵赖，只能向汉使道歉，把苏武放了回去。

飞鸽传书

信鸽从古至今，一直是有效的信息传送工具。在通信技术高度发达的今天，信鸽仍有用武之地。在战争中，通信联络至关重要。然而一旦爆发核战争，核爆炸产生的强烈电磁辐射将使现有的各种电子通信系统陷于瘫痪，但信鸽仍能完成信息传递的任务。

飞鸽传书

瑞士军队训练出了能双向投书的信鸽。这些信鸽不再传送传统的文字书信，而是携带着装在胶囊里的计算机芯片，内中的密码情报也只能在专门的装置上阅读，保密性极高。将来，信鸽甚至有可能成为"特种通信兵"。

黄耳传书

晋之陆机，畜一犬，曰"黄耳"。机官京师，久无家信，疑有不测。一日，戏语犬曰："汝能携书驰取消息否？"

犬喜，摇尾。机遂作书，盛以竹筒，系犬颈。犬经驿路，昼夜不息。家人见书，又反书陆机。犬即上路，越岭翻山，驰往京师。其间千里之遥，人行往返五旬，而犬才二旬余。

后犬死，机葬之，名之曰"黄耳冢"。

（据《述异记》改写）

陆机黄耳传书

注释：

（1）畜：养。

（2）遂：于是，就。

（3）反书：回信。反，通"返"。

（4）旬：十天。

（5）名：给……命名。

（6）冢：读 zhǒng，坟墓。

导 学

　　了解四个典故中所介绍的驿信故事,并简单比较信息传递方式的特点。烽火传递的是军情,威严而慎重;鸿雁、飞鸽传递的是故事,承载了情感和文化;黄耳肩负使命,演绎了忠诚与守信。关于书信的历史典故有许多,请你搜集一个,在小组内进行交流,与大家分享。

鱼传尺素

儿童放纸鸢

学习足迹

预则立

探则知

拓则宽

学习收获

八
历史名人与书信

《曾国藩家书》节选

男国藩跪禀：

父母亲大人万福金安。十月廿二,奉到手谕,敬悉一切。郑小珊处,小隙已解。男人前于过失,每自忽略,自十月以来,念念改过,虽小必惩,其详具载示弟书中。

耳鸣近日略好,然微劳即鸣。每日除应酬外,不能不略自用功,虽欲节劳,实难再节。手谕示以节劳,节欲,节饮食,谨当时时省记。

（道光二十二年一月二十六日）

译文：

儿子国藩跪着禀告：

父母亲大人万福金安,十月二十二日,收到手谕,敬悉一切。郑小珊那里,小小嫌隙已经化解。儿子以前对于过失,每每自己忽略了。自十月以来,念念不忘改过,问题虽小也要惩戒。详细情况都写在给弟弟的信中。

耳鸣近日稍好了些,但稍微劳累一点便又响起来了。每天除应酬外,不能不略为自己用功,虽想节劳,实在难以再节了。手谕训示儿子节劳,节欲,节饮食,我一定时刻牢记遵守。

资料袋

《曾国藩家书》是曾国藩的书信集,记录了曾国藩在清道光三十年至同治十年的翰苑和从武生涯,约1500封。所涉及的内容极为广泛,家书行文从容镇定,形式自由,随想而到,挥笔自如,在平淡家常中蕴育真知良言,具有极强的说服力和感召力。曾国藩对书信格式极为讲究,显示了他恭肃、严谨的作风。

曾国藩家书

"吹牛信"——东方朔自荐书

汉武帝刘彻登基后,招贤纳士,广罗天下英才。四方有识之士纷纷上书自荐,以求谋取一官半职。然而在众多的求职者中,唯东方朔脱颖而出。据《汉书·东方朔传》记载,汉武帝刘彻读完东方朔的求职信后,赞叹不已,大称奇才,并立即封其为常侍郎。

早前,东方朔乃一介平民布衣,他是如何创造这个神话而名垂青史的呢?我们就来看看这封让东方朔从草根一跃而为显贵的自荐书:

臣朔少失父母，长养兄嫂。年十二学书，三冬文史足用。十五学击剑。十六学《诗》《书》，诵二十二万言。十九学孙、吴兵法，战陈之具，钲鼓之教，亦诵二十二万言。凡臣朔固已诵四十四万言。又常服子路之言。臣朔年二十二，长九尺三寸，目若悬珠，齿若编贝，勇若孟贲，捷若庆忌，廉若鲍叔，信若尾生。若此可以为天子大臣矣。臣朔昧死再拜以闻。

译文：

臣东方朔从小就没有了父母，是兄嫂将我养成人。十二岁开始学习，三年时间文史都可以运用自如了。十五岁时开始学习剑法。十六岁时开始学习《诗》《书》，熟读了二十二万名句，十九岁时开始学习孙、吴兵法，里面的用兵之法，也熟读了二十二万名句，臣共熟读四十四万句。又时常佩服子路说的道理，臣今年二十二岁，身高九尺三寸，我的眼睛像珍珠一样明亮，牙齿像编贝一样整齐洁白，勇敢像不避狼虎的孟贲，奔跑的速度像骑马也追不上的庆忌，廉洁像古代非妻所织衣服不穿的廉士鲍叔，诚信像与女子约会而河水上涨女子未来也仍不离去的尾生。正因为这样，才可以成为天子的大臣。

资料袋

东方朔，西汉辞赋家。在政治方面颇具天赋，他性格诙谐，言词敏捷，滑稽多智。汉武帝每天都要看太多求职信，看到这封信之前正昏昏欲睡，东方朔的求职信让他眼前一亮，睡意全无，逗得他哈哈大笑，一下子就记住了东方朔这个人，第二天立马召他进宫做官，成了皇帝的一个秘书。

东方朔自荐

"药名信"——王维买药遇姻缘

唐代著名诗人王维，年轻时不仅文才出众，而且仪表堂堂。因此，许多名门望族、达官显贵，都希望王维能成为自己的乘龙快婿，但都被王维一一婉言谢绝了。

那年刚入冬，忽然下起雨来，天气骤然变冷，王维受了风寒，郎中给王维开了几味草药，让王维拿上药方速去药店买药。且说药店的掌柜有个独女，名叫紫云，长得貌若仙女，精通诗词联谜，是有名的才女。

那天正巧掌柜外出，紫云代父打理药店。王维来到药店，见紫云别有一番风姿，一时竟看呆了。紫云却不卑不亢，落落大方地问王维道："公子有何贵干？"

王维回过神来，连忙答道："昨日偶染风寒，特买几味草药疗疾，不知贵店有无？"姑娘微微一笑，又问："有药方吗？"

王维素闻紫云颇有才华，决定试她一试，灵机一动，说："来得慌张，药方忘带了。"紫云道："还记得药名吗？"

王维说："记得，头一味是——酒阑宴毕客何为？"紫云不由一怔：此人借口买药，实为前来考我的才学。便背对着王维，道："酒阑宴毕客当归，当归当然有了。"

王维一惊，暗暗钦佩紫云果然才思敏捷，又说道："夜深月黑路不迷。"姑娘又马上猜中，仍然背对着王维，以问作答："'熟地'要多少？"

"再要百年美貂裘。"

"'陈皮'也有。"

"还要夫妇偕白头。"

"'百合'是新进的。"

··········

　　王维被紫云姑娘的才思折服了，一种爱慕之情油然而生。买药回去之后，心里久久平静不下，觉得紫云正是自己所希望的妻子。但他不知道人家意下如何，便提笔在纸上写了一首诗，唤来书童，吩咐他："我方才前去买药，买得少了，你拿上这个药方，速去再买两服来。"

　　书童将药方递给了紫云。紫云展开一看——哪是什么药方？原来是一首谜诗：

　　二者缺一真可叹，书房偏又无石砚，金童身边少玉女，晴天无日烦心添。

　　紫云斟字酌句，原来是个四字成语：一见钟（钟）情。不禁两腮飞红，连忙假装取药转过脸去，问书童："那位王公子叫什么呢？"书童忙答道："就是大名鼎鼎的诗人王维呀！"

　　啊？原来他就是王维！其实，紫云姑娘也对那个英俊潇洒、才华不凡的买药书生产生了爱意，一听那人就是王维，心中更加欢喜，低头一想，便对书童谎称王维所买之药本店已经不全，让他明日再来。说罢也给王维回了首谜诗，让书童带了回去。

　　王维接到紫云的回信，急忙展开看去——

　　"一月一日喜相逢，二人结缘去问僧，竹林深处见古寺，伊刚张口人无踪。"

　　王维乍一看，顿时凉了半截，再一琢磨，不由会心地笑了：明天等君。

　　✏️ **资料袋**

　　中草药不仅有神奇的疗效，还有丰厚的文化内涵。尤其它们的命名独具特色，有以入药部位命名的，有以突出疗效命名的，也有用人名命名的。王维巧妙地将药名与书信结为一体，令其妙趣横生。

导 学

1. 知内容。每一种信有不一样的使命与责任,每一封信有不同的事件与缘由,认真读三封不同人物、风格迥异的书信,了解信中说了什么事,写此信有什么目的。

2. 悟趣味。三位名人分别在信中充分展示了自己:曾国藩质朴语言显孝心;东方朔数字妙用呈智慧;王维巧用谜诗现才华。

3. 品语言。细读三封书信,用自己的话解说原文,比较古今语言上的差别。

学习足迹

预则立

探则知

拓则宽

学习收获

第三组　阅读书信故事

　　阅读一封书信，就是在品读一个人，就是在体味一种人生。哦！你看那一封封泛黄的旧书信，定格着一段段历史，流淌着一种种体验，述说着一个个故事。抱着一捆捆书信，我们将情不自禁地感叹：有书信的人生，才是别样的人生啊！

　　让我们静下心来走进读信的时代，在书信中穿越时空，仔细品读写信人细腻的情感，体会那份曾经的真情和温馨，感受写信者的文学才能、书法特性和礼仪品质。

九
赵一曼给儿子的遗书

宁儿：

　　母亲对于你没有能尽到教育的责任，实在是遗憾的事情。

　　母亲因为坚决地做了反满抗日的斗争，今天已经到了牺牲的前夕了。

　　母亲和你在生前是永久没有再见的机会了。希望你宁儿啊！赶快成人，来安慰你地下的母亲！我最亲爱的孩子啊！母亲不用千言万语来教育你，就用实行来教育你。

　　在你长大成人之后，希望不要忘记你的母亲是为国而牺牲的！

一九三六年八月二日

你的母亲赵一曼于车中

资料袋

　　赵一曼，四川省宜宾县白花镇人，中国共产党党员，抗日民族英雄。1935年11月，在作战中负伤，在一农民家中养伤时被俘。审讯中，日军对她施以极其残忍的酷刑，用马鞭抽打，用钢针刺，用烙铁、老虎凳、辣椒水折磨，甚至

使用电刑，但赵一曼宁死不屈，令日军彻底失望。1936 年 8 月 2 日，日军将她押往珠河，在去珠河的火车上，赵一曼写下给儿子的遗书。赵一曼牺牲之前，面对敌人的屠刀，她高呼"打倒日本帝国主义""中国共产党万岁"的口号。一个日军军官走到赵一曼跟前问："你还有什么话要讲吗？"赵一曼怒视着，把手中的遗书递过去说："把这些话传给我家乡的儿子！"日军军官看过字条，向军警们猛一挥手，罪恶的子弹射进赵一曼的躯体。赵一曼牺牲于珠河县（今黑龙江省尚志县）小北门外，年仅 31 岁。

导学

1. 一封家书，一段历史。一封家书成为战场和家乡亲人之间的唯一联系，查阅资料了解烈士赵一曼。如今战争远去，家书仍在，成为历史永远的见证。重读家书，重温历史的硝烟与苦难，重温战士的思念与热血。

2. 在牺牲前，赵一曼给儿子写下这封遗书，信很短却能体会到一个母亲对孩子深深的爱和殷切的希望。在唯一能留下的遗嘱中，赵一曼也没有泄露自己的真实姓名，这封在日军审讯档案中的遗嘱，直到 1957 年才被发现。如果你是宁儿，你会如何对待这封信？

3. 下面是一位小作者由感而发撰写的演讲稿，请仔细阅读。

我们不会忘记

同学们：

　　当我们坐在明亮的教室里愉快学习的时候，当我们围在餐桌旁和家人谈笑风生的时候，当我们在鸟语花香的大自然中惬意享受的时候，你一定感到非常幸福吧？是的，我也觉得自己很幸运，我为能生活在这样安定祥和的年代而自豪。因为我知道：如今我们拥有的这些幸福都是一个个不朽的灵魂为我们创造的。

　　她，是其中一位。一个慈爱的母亲，一个伟大的英雄。

　　那一天，我看到她作为一个母亲给儿子的一封信（节选）：

宁儿：

　　母亲和你在生前是永久没有再见的机会了。希望你宁儿啊！赶快成人，来安慰你地下的母亲！我最亲爱的孩子啊！母亲不用千言万语来教育你，就用实行来教育你。

　　在你长大成人之后，希望不要忘记你的母亲是为国而牺牲的！

　　这短短几行文字，是她临终前留给儿子的遗书。

　　她的故事荡气回肠：1935年11月，她在掩护部队撤退时负伤，不幸被捕，狡猾的日本人想从她口中得到我军的重要情报，对她严刑拷打，吊起来用皮鞭抽、坐老虎凳、用竹签钉手指……几十种酷刑轮番摧残着她，惨无人道的拷问持续了七个多小时，她的头无力地垂下来，全身像被抽掉筋一样软软地挂在刑架上，但她不会忘记，不会忘记自己的使命，坚定的回答只有三个字——"不知道！""不知道！""不知道！"

　　她，就是家喻户晓的赵一曼。为了缅怀这位英勇的战士、不屈的母亲，人

们将赵一曼战斗过的大街更名为"一曼街"。

在全国，还有很多以革命烈士的名字命名的地方："靖宇街""兆麟公园""左权县"……每一个地名的背后，都有一段悲壮的故事。那段峥嵘的岁月早已远去，但为国牺牲的英灵，我们永远不会忘记！

今天，站在这儿，我想对那些死去的英灵们说：

敬爱的先烈们：

请您安心地躺着休息吧！我们的祖国已迎来六十六岁华诞，正昂首屹立在世界的东方！青藏铁路延伸着华夏儿女的智慧，神舟十号承载着祖国飞天的梦想，南海舰队护卫着东方巨龙蓝色的版图，北京奥运展示着炎黄子孙自信的风采！

我们不会忘记："少年强则国强！"我们会继承你们的遗志，去奏响祖国激昂时代的最强音！

时代不会忘记，我们不会忘记！

此致

敬礼！

中国少年

二〇一五年十一月二十日

学习足迹

预则立

探则知

拓则宽

学习收获

十
马克·吐温的家书

亲爱的家人：

我知道我应该更经常地给你们写信，内容更加充分，但我十分不愿意描述我在做什么，希望做什么或打算做什么。那么，我还有什么要写的呢？显然无话可说。

谈论这次航行对我毫无用处，因为直到船开了我才会相信真的要起航。我怎么知道它会不会起航？有人为我买了船票，要是轮船起程，我就坐在船上随船航行。但我什么都没有准备，没有买雪茄，没有买出海穿的衣服，直到早上船要开了才去整理旅行箱。开船前一天我手边还有很多活儿要做，直到离开还没做完。我只知道或感觉到，我一直疯狂地想着出发，出发，出发！不知道有多少次希望我一早儿就已经出海了，而不是被困在这儿蹉跎岁月，等船准备停当。该死的没完没了的耽搁！耽搁总让我发疯，让我什么都不想做，我有一种责任感，像一头野兽在撕扯着我。

真希望我不会在任何地方停留一个月。当我有机会坐下来双手合十忏悔的时候，我会做更多普通的事情。当然，下周四晚我们要在比奇先生家碰面，我猜我们一定会不在乎花销多大，都要穿燕尾服，把孩子们收拾得干净整齐，让一切都迥然有序。我被安排和哈钦森牧师或其他什么人一起住，但我不管这些，我已经安顿好了。我的室友不同凡响，放荡不羁，吸烟喝酒，不信神灵，友好真诚，头脑清晰，他的行为举止无可指责，对于那些受其影响的人来说无异于一次雄辩的布道，但那些靠布道吃饭的牧师们，没有一个我喜欢与其交谈的。如果不那么心胸狭隘，不那么固执偏见，他们倒还是不错的旅伴。我让他们免费寄送《纽约周报》给你们。我不准备再给《纽约周报》写东西了。像所有其他稿酬丰厚的报纸一样，《纽约周报》只给蠢人和"贱民"看。我和纽约的任何报纸都没有安排——我周一或周二安排一下。爱你们所有人，再见！

爱你们的　萨姆
一八六七年六月一日于纽约威斯特明斯特宾馆

资料袋

　　几千年的写信传统，源远流长，慢慢地走出了人们的视线。取而代之的是铺天盖地的移动短信，纵横驰骋的网络邮件，超越距离的视频聊天，现在已进入了无纸化时代。信息传达迅速快捷，但早已形成了"言"而无"信"的局面：人们可以收到亲友的短信问候，但丧失了抚摸带着写信人体温的信笺的感觉；能最快地听到亲友的声音，但丧失了咀嚼书信时的那种温馨和浪漫；可以在网上长篇大论，但丧失了将书信放在箱底珍藏时的那份执著与长久。

导 学

1. 马克·吐温是美国的幽默大师、作家。他机智、幽默，有文采，既富于独特的妙语，又不乏深刻的社会洞察与剖析，他为后人留下了许多经典之作。马克·吐温的这封家书有哪些主要信息？

2. 让我们感觉啰唆、冗长的书信背后，你感受到什么？此信是马克·吐温航行征途中所写的家书。虽然很长，其实只表达了一个意思：在外安好。反复唠叨，略显焦躁无趣的话语却能让人感受到浓浓的亲情。

3. 这封信的内容如果换成打电话，会怎么说？有什么不一样？

4. 牛刀小试。尝试用信的方式向亲人表达一个简单的意思，体悟语言的魅力。

学习足迹

预则立

探则知

拓则宽

学习收获

十一
毛泽东给蒋介石的信

抗日战争爆发以后，蒋介石奉行不抵抗政策。毛泽东在 1936 年 12 月 1 日率领 18 位红军将领联名给蒋介石写了一封信。

介石先生台鉴：

去年八月以来，共产党、苏维埃与红军曾屡次向先生要求，停止内战，一致抗日……而先生始终孤行己意，先则下令"围剿"……天下汹汹，为公一人。当前大计只须先生一言而决，今日停止内战，明日红军与先生之西北"剿共"大军，皆可立即从自相残杀之内战战场，开赴抗日阵线……吾人诚不愿见天下后世之人聚而称曰，亡中国者非他人，蒋介石也，而愿天下后世之人，视先生为能及时改过救国救民之豪杰。语曰，过则勿惮改，又曰，放下屠刀，立地成佛。何去何从，愿先生熟察之。寇深祸亟，言重心危，立马陈词，伫候明教。

毛泽东　朱　德　张国焘　周恩来　王稼蔷　彭德怀　贺　龙
任弼时　林　彪　刘伯承　叶剑英　张云逸　徐向前　陈昌浩
徐海东　董振堂　罗炳辉　邵式平　郭洪涛
率中国人民红军　同上

一九三六年十二月一日

注释：

（1）台鉴：请对方审察、裁夺的敬辞，表示请人看信。

（2）围剿：包围起来用武力消灭。

（3）过则勿惮（dàn）改：有了错误，不要怕改正，出自《论语》。

（4）亟（jí）：急切。

（5）伫（zhù）：长时间地站着。

导 学

1. 阅读这封信，你从信中读到了哪些礼仪？它传递的信息内容是什么？

2. 简单说说这段信的内容："吾人诚不愿见天下后世之人聚而称曰，亡中国者非他人，蒋介石也，而愿天下后世之人，视先生为能及时改过救国救民之豪杰。语曰，过则勿惮改，又曰，放下屠刀，立地成佛。何去何从，愿先生熟察之。寇深祸亟，言重心危，立马陈词，伫候明教。"

3. 换成电报、电话显得更为快捷，毛主席为何选择书信这一传统形式呢？

毛主席亲笔题书

4. 毛主席亲笔题书，又请周恩来送达，从书信中你体会到了什么？

5. 蒋介石收到信后会怎么做？调查了解这段历史故事。

学习足迹

预则立

探则知

拓则宽

学习收获

十二
手写书信艺术

丰子恺信札

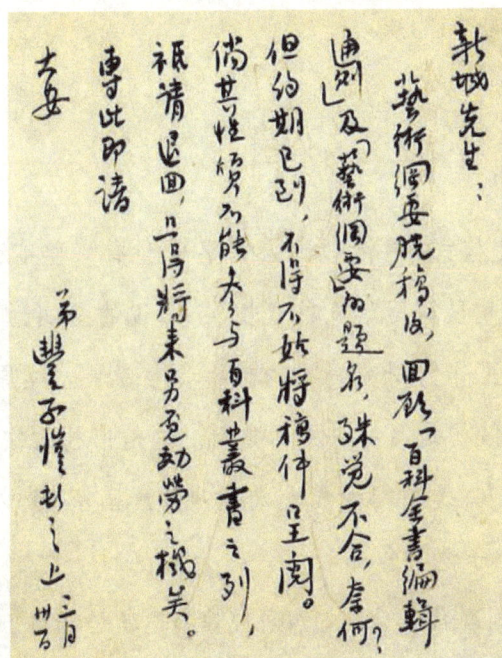

舒新城，著名教育家、辞书编纂家。曾任中华书局编辑所所长兼图书馆馆长，主编我国首部《辞海》

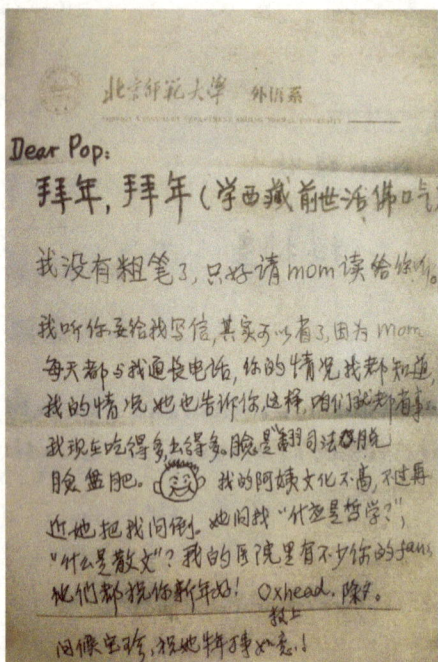

钱瑗 1997 年新年给爸爸钱锺书的信。"翻司法脱(face fat)脸盘肥"是一句笑话

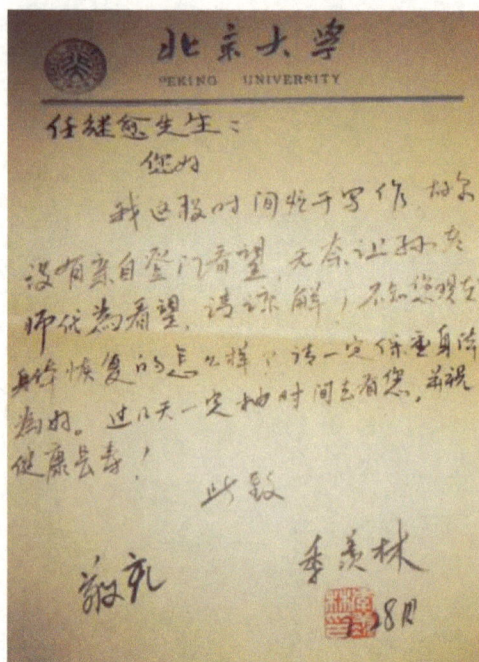

任继愈,中国哲学家、宗教学家、墨学研究专家,曾任北京大学教授

导 学

1. 书信有固定格式,慢慢地因人因事也会有一些变化,给书信艺术带来别样的趣味。信札显露写信人的真情实感,说的是实话,所记录的历史细节也更接近真相,可作为研究史事的重要参考资料。读原始信札比读回忆录、自传靠谱,因为信札是第一手原始史料。这是信札的文献价值。丰子恺,浙江省嘉兴市桐乡人,是中国现代受人敬仰的漫画家、散文家。同学们可以搜集资料,读一读丰子恺的作品。

2. 钱锺书,中国现代作家、文学研究家。其妻子杨绛,中国著名的作家、戏剧家、翻译家。钱瑗是他们在英国牛津大学时所生的女儿,小名"圆圆",北京师范大学外语系教授。钱瑗的祖父称她是"读书种子",外公则说她

"过目不忘"，钱锺书说她："刚正，像外公；爱教书，像爷爷。"她和父亲锺钟书最亲，杨绛在《我们仨》里写道："钱瑗和爸爸最'哥们'"，杨绛说女儿是自己"平生唯一杰作"。钱瑗早在 1997 年病逝。你在这封信中读到父女之亲情了吗？

3. 季羡林，中国山东省聊城人，国际著名东方学大师、语言学家、文学家、国学家、史学家、教育家，是北京大学的终身教授。2009 年 7 月 11 日，任继愈、季羡林两位山东籍文化大师同日辞世，让整个文化界陷入阴郁。季羡林享年 98 岁，任继愈享年 93 岁。试着了解人物故事，体会书信的情感。

学习足迹

预则立

探则知

拓则宽

学习收获

第四组　综合性活动：
走近现代书信

　　我们生活在一个信息快速发展的世界里。现代的信息传播速度越来越快，越来越便捷。那么，书信还有存在的必要吗？

　　让我们通过这次综合性学习，发现书信以不同的形式存在于我们的学习、工作和生活中，感受它不可或缺的地位与作用，并学会将书信实践运用于生活与学习。

十三

书信是否成为正在消失的历史

在日常生活中，90%以上的同学根本没有"真正"写过信。大多数同学的写信经历也是老师教应用文写作时获得的，他们说："现在电话、短信、QQ、微信……多方便快捷，还要写什么书信呀！"另一些同学则把"懒得写字"作为不写信的主要原因。对这个现象，你怎么看？我们可以开展一次辩论。

资料袋

利用电话、短信、微信、QQ 等方式随时可以与人沟通，有事没事聊几句闲话，晒几张图片。科技的发展让世界变小了，可信息的发达让人们之间的距离更远了。我们在快节奏的生活中早已忽略了最简单也最真诚的书信交流。这种交流方式的存在还是有很大好处的。其一，用笔写字，就是对汉字文化和文学的一种回归。汉字是我们民族的骄傲。假如大家都将手中的笔封锁起来，一味用电脑来解决朋友之间的交流，那么，书法艺术迟早会从我们的生活中消失。其二，书信有很重要的教育价值。书信有规定的格式，是一种特定的文体,又代表一种礼仪文化,是一种需要掌握的实用技能。通过写信可以提高文字和表达能力。其三,书信是一种民族文化,是应该得到传承的。从不同年代的家书中,人们可以看出当时的社会文化背景、民俗风情等。总的来说,书信中包含了很多文化遗产,我们应该了解它、继承它。给家人、朋友或者自己写一封信,把心里的话写出来,也是一种很好的宣泄和放松。

导　学

1. 小组展开讨论:书信有无存在的必要? 你们的观点是什么?

2. 分析现代常用信息传递方式与书信传递方式的利与弊,小组讨论概括支持观点的理由,请具体举例说明。

3. 最后选派一位同学发表观点,格式如下。

现代常用信息传递方式与书信传递方式

各位老师、同学:

　　大家好!

　　我们小组的观点是＿＿＿＿＿＿＿＿＿＿＿＿＿,

因为＿＿＿＿＿＿＿＿＿＿＿＿＿＿＿＿＿＿＿＿。

　　谢谢!

＿＿＿＿＿＿＿小组

＿＿＿年＿＿月＿＿日

学习足迹

预则立

探则知

拓则宽

学习收获

十四
书信走进人们的心灵

活动一:心里有话请悄悄说

亲爱的同学们:

世界上最无私的爱就是母爱,在"三八"妇女节来临之际,你有什么话想对妈妈说? 你有没有不理解妈妈、错怪妈妈、怨恨妈妈的时候,让我们借用手中的笔,写一封饱含真情的信,和妈妈悄悄地说一说吧。她有宽广的胸怀,看了你的信会原谅你的!

愿你

天天快乐!

递铺三小

_____年___月___日

1. 同学们，心里有话请悄悄说。你也可以给老师、同学、亲朋好友甚至是"仇敌"写一封信，说出你的心里话，你会发现你们的关系会逐渐改变，变得越来越亲密。

悄悄话

2. 当你遇到无法解决的问题，当你遇到难以开口的事情，当你遇到难以抉择的境况……那么，你可以动笔写信交给学校的心理辅导员老师或值得你信赖的老师，相信，他们会帮你解决难题。

活动二：清明中秋寄托思念

亲爱的外婆：

您好！

我没有见过您，因为您早在妈妈两岁时就去了天堂。您在天堂还好吗？我十分思念您，外婆。

外婆，您究竟在哪儿呢？爸爸说您远，远在天边，我却认为您离我们太近了，您就在我们的心里。在我的心里，我实在太希望我有外婆了，以至于我都有了三个梦想，只有外婆做了，我才会感到真正的快乐和满足。

清明

人家家里都是外婆做饭的，那么香喷喷热乎乎的菜肴，一看就让人很有食欲。我也很期盼外婆为我做一次饭，哪怕就一次啊！如果能像普通家庭一样，我一回到家就闻到一阵菜的香气，外婆正在厨房忙碌着，我能冲过去大叫："阿婆，今天吃什么菜呀？真香！"我的好外婆能转过身说："小馋猫，都是你爱吃的，饿不着你！"那该是多么美妙的一件事情啊！虽然现在妈妈烧菜的水平快赶上"国际大厨了"，但我仍是盼着——您能烧给我吃一次，就一次！我绝不挑剔！

过年时，我的"红包大军"数量众多。三姑六婆、爷爷奶奶，甚至八竿子打不着的表姐的堂姐她妈妈，也要送我个红包。可是，唯独没有您的。看着人家外婆的红包虽然不多，但是饱含情意，我的心酸酸的，很失落。若是有一天，我能收到您的红包，谁管它多不多、少不少呢？只要是外婆给的，就算空的我也会要，就给我一个，好吗？

同学放学，很多都是外婆来接，我却只能看着，默默地自己回家。

我多希望当我出了校门，就看到外婆，就听到外婆叫我："好宝宝，外婆在这儿呢！"我会快速地跑去抱住外婆，把您吓一跳，管您怎么骂我呢！来接我一次，我就满足了。

我想您，外婆！

祝您

在天堂里一切安好！

想您的外孙女

二〇一七年四月四日

导 学

1. 清明节又叫踏青节,在每年的 4 月 4 日至 6 日之间,是中国传统节日之一,也是最重要的祭祀节日。唐代诗人杜牧的诗《清明》:"清明时节雨纷纷,路上行人欲断魂。借问酒家何处有?牧童遥指杏花村。"写出了清明节的特殊气氛。阅读书信,你有什么感受?请写下评论留言。

2. 清明节时,你最思念的人是谁?你有什么话要对他们说吗?

活动三：年末迎新表达感恩

给交警叔叔的一封信

敬爱的交警叔叔:

您好!

谢谢您,为了我们平安出行,你们每天早出晚归,辛勤工作,保障了我们的生活有序。烈日下,您即使汗流浃背也不会走开;倾盆大雨时,您宁可淋着大雨也不退缩;下雪时,就算被寒风吹得瑟瑟发抖,您依然坚守岗位,不会让我们的交通出现一点点问题。

那一天我去上学的路上,看见您在站岗。当时正下着大雨,刮着冷风,我们

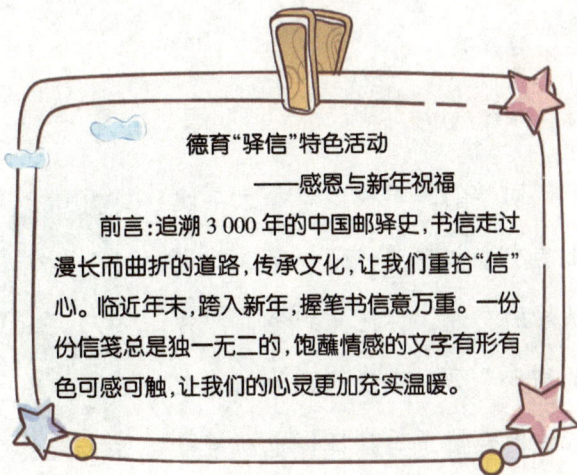

德育"驿信"特色活动
——感恩与新年祝福
前言:追溯 3 000 年的中国邮驿史,书信走过漫长而曲折的道路,传承文化,让我们重拾"信"心。临近年末,跨入新年,握笔书信意万重。一份份信笺总是独一无二的,饱蘸情感的文字有形有色可感可触,让我们的心灵更加充实温暖。

虽已经穿起了厚厚的棉袄，但还是恨不得把头缩进衣服里。当我笨拙地想横穿马路时，您突然出现在我面前，一手揪住我的衣服，另一手马上亮出一个停车姿势，那辆正常行驶的小车突然停下，我那小小的身躯吓得缩成了一团，再也不敢走动。是您拉着我的手，把我送到了马路对面，我发觉，你的手也是冰的！我好感激您，在这关键时刻是您帮助了我。

我从心底里向您表示感谢。在新年来临之际，衷心祝福您在来年过得快乐，顺利。

祝您

全家生活幸福！

递铺三小学生

二〇一七年十二月十五日

导 学

同学们，学校门口每天早晚都有交警叔叔为我们执勤，疏通拥堵的交通，你注意到他们匆匆的脚步了吗？你注意到他们脸上专注的表情了吗？请你也动笔写

以爱人之心做事，感恩之心做人。常怀感恩心！常做感恩事！

感恩

写你的肺腑之言吧!

安全标语

致清洁工的一封信

敬爱的清洁工:

你们好!

新年的钟声即将敲响,马上就要"喜气洋洋过大年"啦!在新年即将到来之际,我要送上我的祝福:祝你们身体健康,万事如意!

敬爱的清洁工们,年复一年,日复一日,你们坚守在自己的岗位上,不论风吹雨打,不论日晒雨淋,你们辛勤劳作,从没怨言。你们用汗水换来了环境的整洁,用辛劳的双手将干净的地面、美丽的花坛、整齐的草坪献给大家!

如今,我们的生活环境已经有了很大的改善,娇嫩的文明之花也已经缓缓地露出了笑脸!我们对"环保"这个词有了更深的理解,这与你们的辛勤付出是密不可分的。我相信,只要大家时刻保护环境,养成良好的卫生习惯,那么我们的生活将会更加美好!

奋战在城乡街道的清洁工们，我再一次衷心地向你们表示敬意。

　　祝

身体健康！

递铺三小学生

二〇一七年十二月十四日

导 学

　　我们的家乡安吉县生态环境优美宜居，境内"七山一水二分田"，层峦叠嶂、翠竹绵延，被誉为气净、水净、土净的"三净之地"。2005年8月15日，时任浙江省委书记的习近平同志在安吉余村调研时，首次提出"绿水青山就是金山银山"的发展理念。十几年来，安吉由一个欠发达县一跃跻身全国百强县行列。有着72%森林覆盖率、75%植被覆盖率的安吉，正确处理发展与保护、环境与财富、人与自然三对关系，走出了一条绿色发展之路。如今，安吉是国家首个生态县、全国生态文明建设试点县、全国文明县城、国家卫生县城、国家园林县城和国家可持续发展实验区，是

安吉余村

全国联合国人居奖唯一获得县。

　　提笔写一封环保倡议书，为美丽家乡作出自己的一点贡献。

资料袋

　　情感上，信因为有了笔迹的存在会比任何一种电脑打印字体都来得真切。从笔迹学角度来说，心情是会决定书写力度和方式的，笔迹不会说谎。这就是为什么绑匪总会剪报纸拼信，除了不想暴露笔迹，也要掩盖自己的内心。

　　杨凝式是五代时著名书法家，官至太子太保，字好得没话说，"宋四家"都跟了他的风。有朋友送了他点韭菜花，他认认真真给人家回了信："昼寝乍兴，朝饥正甚，忽蒙简翰，猥赐盘飧。当一叶报秋之初，乃韭花逞味之始。助其肥羜实谓珍羞。充腹之余，铭肌载切，谨修状陈谢，伏维鉴察，谨状。"大概意思说自己刚起来，饿坏了，正好您给送了点韭菜花，初秋时节，韭菜花正美味。我就着吃点小肥羊（羜），舒服极了，给您写封信，太感谢了。别觉得人家矫情，杨凝式平时提笔都是行草，偏偏这封信是行楷，一笔一画，字间距很大，可见写得很认真，没有圈点，收得干干净净。说明他心里确实很感谢朋友的情谊。如果杨凝式在现代，回信敲了封 E-mail 给朋友，那会是什么味道呢？

学习足迹

预则立

探则知

拓则宽

学习收获

十五
生活中的书信

（此处为《一封家书》简谱图）

一封家书
（李春波 演唱）　李春波 词曲

亲爱的爸爸妈妈：你们好吗！现在工作很忙吧，身体好吧！我现在广州挺好的，爸爸妈妈不要太牵挂。虽然我很少写信，其实我很想家。爸爸每天都上班吗？管的不严就不要去了。干了一辈子革命工作，也该歇歇了。

我买了一件毛衣给妈妈，别舍不得穿上吧，以前儿子不太听话，现在懂事他长大了。（间奏略）哥哥姐姐常回来吗？替我问候他们吧，有什么活儿就让他们干，自己孩子有什么客气的。爸爸妈妈多保重身体，不要让儿子放心不下，今年春节我一定回家。好啦，先写到这吧，此致敬礼！此致那个敬礼！此致敬礼！此致那个敬礼！

（白：）一九九三年十月十八号

资料袋

低头族，是指如今无论何时何地，个个都低头看屏幕，有的看手机，有的玩电脑，想以盯住屏幕的方式，把零碎时间填满的人。他们"低着头"是一种共同的特征，视线与智能手机、电脑相互交叉，直至难分难解。

导　学

1. 生活中书信无处不在，你发现它的身影了吗？小组内交流生活中的书信。

2. 低头族有哪些危害？你发现身边哪些人是低头族？

3. 请你给低头族写一封劝诫书。

学习足迹

预则立

探则知

拓则宽

学习收获

附　录

一

安吉驿文化概况

　　历史上,安吉是南北文化的交流通道,也是兵家必争之地。其驿文化可以追溯到先秦时期的春秋战国。如天子湖镇长隆村牛头山,遗存着春秋时期的烽火台,属于军事上以光传递军情的军事设施。

　　目前,安吉境内涉及驿文化最多的是南宋时期的文物遗存,如古道、关隘、烽火台、急递铺(驿站)等。

　　(1)古道。古道既是古时官府用于调兵遣将、行军作战、驻守边界关防的军事要道,又是民间商贾南来北往运输之道;既是普通百姓生活的出行和生产之道,又是官府传递书信、公文的官道。安吉境内遗存的古道有45处,他们有的是连接建康(今南京)至临安(今杭州)的"国道",如独松关古驿道;有的是连接县与县之间的"省道",如半岭古道;有的是连接乡与乡之间的"县道";有的是连接村落与村落之间的"乡道""村道"等。当然,在我县境内真正能称得上古驿道的也就是独松关古驿道了。

　　独松关古驿道位于昌硕街道双溪口村关上自然村,原古驿道一直从建康(今南京)到临安(今杭州),由于破坏严重,现仅存郭吴金鸡岭段和递铺独松关段。

独松关古驿道金鸡岭段位于鄣吴镇上堡自然村西南金鸡岭。该古道为南北走向,全长约1500米,其中保存完整段约700米,路面宽1.6米左右。古道为块石铺筑,沿山体时缓时陡,平缓时平铺,陡峭处拾级砌筑。古道北端起点东侧有一通路碑,青石质,不规则长方形,碑高60厘米、宽35厘米、厚20厘米,上面镌刻"孝丰邑金鸡岭大路左手上"。金鸡岭上原有关隘,现已毁。

独松关段位于昌硕街道双溪口村关上自然村,自关上村越独松岭至余杭独松村。该古道南北走向,安吉境内现存长1100米,宽1~1.5米。古道用卵石或块石铺筑,依山体时缓时陡,平缓时平铺,陡峭处台阶铺筑。古道沿途有石拱桥1座,石平桥3座。石拱桥拱圈与金刚墙为块石或卵石砌筑。石平桥为两块条石并列。

(2)关隘。又称关卡,是在交通要道设立的防务设施。据史料记载,我县境内有18座关隘,大多建于南宋时期。目前,保存基本完整的有独松关、高坞关和董岭关。

独松关,位于昌硕街道双溪口村关上自然村南独松岭脚。关隘为块石砌筑,占地面积305.5平方米,现存山溪以西部分。关墙东西长23.5米,南北宽12.38米,高6.60米。南北向瓮城式结构,方向168度。拱圈式关门,面南拱门有两道拱圈。墙体内用黄泥和石子夯筑而成,原有箭楼。关顶平整,东、南、北三面石砌围墙。清同治版《安吉县志》载:"独松关,宋建炎间(1127—1130)兵起,垒石为关,名曰独松关。"

高坞关,位于递铺街道石马村至高坞岭村半岭古道中间段。石砌关墙东侧长16米,残高2.6米,再往东隔山溪为陡峭的山体;西侧关墙是一列相互垒砌的大块石,然后是自然的巨大岩石峭壁。关口宽1.5米,深1.5米。距关墙南约10米的一块较大的自然岩石上,发现有从下到上共5个人工雕凿的凹痕,岩石顶较为平坦。根据岩石与关墙相连处尚存有多处石块分析,当时的人是通过攀爬岩石并借助其至关墙上部建筑的。关墙上部建筑已毁,散见较多乱石。根据清同治版《安吉县志》记载:高坞关在高坞岭,系南宋时筑。

董岭关,位于杭垓镇杭河村西南 2 000 余米的山体上,海拔 497 米,西与安徽省宁国市接壤。铁岭关现存有南北向石砌关墙,现部分墙体坍塌。关墙长 50 余米,残高 1.5 米,关门宽为 1.6 米,深 2 米。一古道穿关而过,安吉境内石砌路面已毁,安徽境内完整。距铁岭关东 500 米左右,有一山间平地,约 20 000 平方米,当地人称"跑马场"。平地呈带状,东、南、西三面环山,唯北有豁口。

(3)烽火台。烽火台又称烽燧,俗称烽堠、烟墩、墩台,是古时用于点燃烟火传递重要消息的高台,系古代重要军事防御设施,是为防止敌人入侵而建的。遇有敌情发生,则白天施烟,夜间点火,台台相连,传递消息。烽火传递是最古老但行之有效的消息传递方式。

安吉境内有较多的烽火台,如递铺街道双溪口村的烽火台,独松关古驿道两侧山体上的烽火台,递铺街道霞泉村石塔岗上的烽火台,天子湖镇长弄村牛头山上的烽火台等。

(4)急递铺(驿站)。急递铺,为中国古代邮驿组织之一。它肇始于宋,迄元朝普遍推开。安吉境内有据可查的急递铺,就是现在我们的县城——递铺,宋时为交通要道,设有驿站,以便传送公文、供往来官员歇息。当然,驿站遗址早已不存在了。另,递铺街道荷花塘村原有铺前、铺二两处地名,应与急递铺有关,也许是小急递铺。

二

历史之重负,遗产之精华

——安吉古道探赜与研究

蔡美枚(浙江省安吉县天子湖镇文化中心)/ 程永军(浙江省安吉县文物局)

摘　要:安吉境内遗存着众多的古道,它是遗址类文物的重要组成部分。历史上,古道对当地的政治、军事、经济、文化和人们的生产生活产生了重要的影响,积淀着丰厚的文化内涵。本文在文物普查的基础上,结合史料记载,就安吉境内遗存的古道作一概述,并就相关问题进行分析研究。

关键词:安吉;古道;遗存

古道,顾名思义,就是古代的交通道路,它既是官府用于调兵遣将、行军作战、运送粮草的军事要道,又是民间商贾南来北往的运输之道;既是为承担政治、军事服务传递文书、载接使客的邮驿之道,又是普通百姓生活出行和生产劳动的便民之道。古道沿山拾级而上,跨过流水潺潺的山溪,越过高耸入云的山巅,或穿过御敌卫国的关隘,或直插烽火连天的边陲,或连接一望无际的平原,或通向惊涛骇浪的大海……

一、遗存概况

安吉,位于浙江西北部,天目山耸于县境南缘,其东西两支环抱县境两侧,呈三面环山,中间凹陷,东北开口的"畚箕形"辐聚状盆地地形。县境东、南、西部山区,山连山、岗邻岗,山区村落散布在山腰、山坞、山岗之中;县境中、北部平原,田连田,水接水,平原村庄洒落在阡陌、高台、溪岸之上。只要有村落的地方,只要能通达的区域,就能寻觅到古道遗踪。古道在山区,保存较好;在平原,已断断续续;在村落,还隐约可见。历史上,它们穿行在山水间,贯通于村落内,纵横在百里外,将整个安吉网状式地串联,块状样地切割,形成了古代发达的交通网络。

第三次全国文物普查数据显示,目前,安吉境内存长千米以上的古道有46处,总长约100千米(千米以下及断断续续的古道未列入统计范围)。在这些古道中,既有像独松关古驿道那样连接建康(今南京)至临安(今杭州)的"官道",又有像大小岭古道那样连接石马村与石鹰村之间的"民道";既有像牛头山古栈道一样利用自然岩石凿成的"山道",又有像田亩岭古道一样用块石或卵石规整砌筑的"乡间小道",它们或是连接省际,或是通向县外,相对应于现在的"国道""省道""县道""乡道"和"村道",安吉境内各等级的古道也是应有尽有。

境内保存的古道,绝大部分集中在县境东、南、西部山区。以天目山主峰龙王山为起点,向东延伸的东支山脉连绵的群山里,蜿蜒穿行的古道有40处,其中与余杭、临安、德清交界的递铺、梅溪、山川等乡镇分布最多。而在天目山西支山脉起伏的山体上,保存在1 000米以上的古道相对较少,在杭垓、郎吴、良朋等地发现4处,在中、北部的平原地区却只有2处遗存。究其原因,不外乎有以下三点:一是平原地区历代的农田改造和近期的建设开发频繁,对古道的破坏极其严重,尽管有些仍断断续续地保存,但已不成体系;二是天目山西支山脉由于新建的生产林道较多,原有的古道不是被损毁,就是被新路基掩盖,或被荒芜,直至遗忘;三是调查的足迹尚未覆盖到所有的地区,以致有的未登录在册。

二、代表介绍

在众多的古道中,就其通达路径、砌筑技艺、保存状况等方面而言,境内最具代表性的古道有独松关古驿道、半岭古道、羊角岭古道等,介绍如下:

1.独松关古驿道

独松关古驿道位于安吉县昌硕街道双溪口村关上自然村独松岭山体上。现存古驿道自独松关北500米处的关上自然村经独松关,向南延伸越独松岭至杭州市余杭区百丈镇独松村(历史上,该古道是建康至临安要道上的一段)。古道用山石或卵石铺就,村落处用卵石,并在道路中间铺砌相对较大的石块,形成一条经线,两侧铺略小的卵石,而山体上基本采用山石铺砌。整段古道有四处陡坡拾级而上,其余路段依山势坡度而筑。道间存有关隘1座,自然条石构筑的平桥3座,卵石构筑的拱桥1座。现存古道总体保存较好,仅部分路段由于新建生产林道而遭破坏。古道穿行于峡谷之中,青山叠翠、小桥流水、古韵犹存。

2.半岭古道

半岭古道位于安吉县昌硕街道祥友社区馒头山西侧大小岭山体上。古道为东西走向,现存古道西始于下村自然村,东止于张家岭自然村,长1 800米,宽1~1.5米(历史上,该古道为安吉至德清的交通要道)。古道用不规则山石砌筑,砌筑方式相当有规律,中间用大小基本相当的山石铺成一条经线,两侧铺相对较小的山石以便散水。古道沿山体、跨山溪曲折而行,时而平铺、时而拾阶。古道沿途有关隘1座、石板桥4座、石拱桥2座。现存古道北端长约1 200米路段保存完整，南端约600米路段修建生产林道时遭到破坏，时断时续。古道两侧竹林茂密，溪水潺潺，环境优美。

3. 羊角岭古道

羊角岭古道位于安吉县报福镇深溪村冰坑自然村羊角岭山体上，山体坡度约在30～40度，经上墅乡董岭村至杭州临安市。古道呈南北走向，现存长约10千米，宽1.4～1.8米（历史上，该古道从孝丰直至临安）。该道为山石铺筑，由于山势陡峭，基本为拾阶而上。据《修筑天目山羊角岭路孝丰段碑记》记载：孝丰县境内一段共筑路17.5公里，建桥十一座，立亭二所，前后历者凡96日。动用全区民夫义务服役者达67 205人，其中砖匠2 025人，石匠2 335人，木匠45 450工人，耗资二千金。古道山体段保存基本完整，北端村落段及再向北延伸已全毁，南端董岭村段基本被毁。该道翻山越岭，所经之地峭壁绝壑，仄径巉岩，间不容足，地势十分险要。

4. 回峰岭古道

回峰岭古道位于安吉县上墅乡龙王村东坞回峰岭山体上，古道自石塔底越回峰岭至杭州临安市。古道为南北走向，全长1 050米，宽1.8～2.2米（历史上，古道从上墅一直通至临安）。古道用不规则山石铺筑，铺筑方法为中间一块山石相对较大，两侧相对较小，平缓时平铺，陡峭时则有台阶，部分台阶利用自然岩石凿成，遇溪水则用汀步代替。道间利用一自然岩石雕刻路碑，记载古道修筑情况。古道山体段保存完好，北端村落段被毁。古道两侧为毛竹林，间有大石廊，环境幽静，景色怡人。

5. 石塔岗古道

石塔岗古道位于安吉县递铺街道霞泉村石塔岗山体中。古道东西走向，现存长约1 100米，宽1.5～1.8米（历史上，该道专为山体上的军事设施所建设）。古道皆用山石铺筑，由于山体较陡，该古道台级较多。古道保存相对完整，部分路段由于山水冲刷和生产劳动的关系，造成一定的损毁。古道两侧或是茂密的竹林,或是悬崖峭壁,无名山溪随古道从山顶至山脚。

三、相关研究

古道,作为一种文物遗存,承载着各个历史时期重要的人文信息,为我们了解、研究当时社会、政治、经济、军事和文化可提供珍贵的实物资料。

1.功能分析

便民之道:安吉境内的古道,很大一部分是连接山区村落之间的"羊肠小道",无论是建设规模,还是砌筑方式,皆体现出用材因地制宜(基本以当地的山石和卵石为主,少见石板),铺砌比较随意(平铺高低略显不平,拾级不甚规整),路径精致玲珑(修长基窄,经散分明)等特色。由此分析推断,这些古道的修筑并非官府统一营造,而是当地民众为方便生活出行和生产劳动的一种自发行为。

安吉群山连绵,很多村落坐落在山岗、山腰、山坞之中,直线距离虽近在咫尺,但都需要翻山越岭或穿越沟壑,才能互通你我。古道,承担起了山里人相互往来的重任;毛竹,天赐安吉人的自然资源,需要从大山深处源源不断地向外输送,修筑古道就是为了方便、快捷地运输毛竹。古道光滑铮亮褐色的躯体,是无数竹子在其身上拖、拉、碾、压而留下的烙印,虽然受尽了百般折磨,却为山区民众创造了无穷财富。

邮驿之道:历史上,安吉是南北文化的交流通道,其邮驿历史可追溯到先秦时期的春秋战国。古道,作为邮驿系统的重要组成部分,承担传递文书、转运物资以及承载使客的任务。

在古代,从建康至临安,只有经安吉境内,才是最便捷的陆路通道。由此,境内由西北至东的古驿道(现存金鸡岭段和独松关段)成为当时重要的邮驿之道,并在道间设置诸如递铺、铺前、铺二、金鸡关、独松关等与邮驿密切相关的驿站与关隘。

递铺，现为安吉县县城所在地，宋代时设"急递铺"，为古驿道上之重要"驿站"，供传递文书、军情和官员来往及运输等中途暂息、住宿、补给或换马。递铺之名的由来，进一步证明独松关古驿道承担的邮驿功能。

军事要道："山溪纠错，西通宣歙，南卫临安，用兵出奇之道也。杜伏威曾由此以平李子通，淮南曾由此以震吴越，蒙古曾由此以亡宋国，初亦由此以袭张士诚。夫安吉之于浙也，犹头目之不可不卫也。"太湖流域古人类发祥地、南北文化交流通道、早期越国北疆重镇、秦汉郡郡治所等足以证明，自古以来，安吉就是一处"地理位置险要，兵家必争咽喉"之地。特别是南宋时期，安吉境内的东西两支天目山脉成为宋王朝抗击北方金兵的天然防线，并在此构筑了大量的军事防御设施，如古道、关隘、烽火台、弩台、营房、训练场等。

据史料记载，在安吉境内发生的宋军抗击金兵的战争不下十余起，独松关失守，金兵走古驿道兵锋直指临安，三天后，宋王朝即灭亡。此时的古道，承担起了调兵遣将、行军作战、运送粮草等重要的军事功能。

石塔岗古道的尽端是位于海拔 298 米的战马墩、跑马岗、饮马池、烽火台及兵营基址等遗迹。根据分析研究，这些遗迹皆为宋廷抗击金兵构筑的军事防御设施，古道是专为此而筑。

2. 年代推断

古道，就其砌筑方式和砌筑工艺等技术类指标分析，很难推断其修筑年代，只能结合史料记载、碑刻题记、道间遗存（主要为桥梁、关隘等）和民间流传等加以分析。而绝大多数的古道，没有这方面的素材可参考，只能根据其所处位置、承担功能和当地人介绍进行初步判断。

宋及以前。据《宋书》记载，在天目山回环数百里的群峰山峦中，筑有多处重要关隘，天目山脉东支一线有湛水关、金竹关、百丈关、独松关、高坞关、铜关等，西支一线有孔夫关、铁岭关、千秋关、虎岭关、合岭关、金鸡关等，除独松关、高坞关、铁岭关保存完整和部分完整外，其余均被毁。清同治《安吉县志》载："独松关，宋建炎间（1127—1130）兵起，垒石为关，名曰独松关。""独松关、百丈关、高坞关、铜关、金竹关、湛水关，以上诸关皆宋末守卫之处……"由此可知，安吉境内的关隘为宋或宋以前的遗存。根据"有关必先有道"的常理，安吉境内凡是经过关隘的古道，皆筑于宋或宋以前，如独松关古驿道、半岭古道、金鸡岭古道、苦岭关古道等。

明清时期，根据中国战争史分析，宋代以后的浙江地区，只在明代发生于东南沿海的抗倭战争中作为较大规模的主战场，故在东南沿海尚存有明代抗倭战争遗留下来的烽火台遗存。其他地区特别是浙北山区，自元代因为未发生过重大战争，所以作为军事要道的古道，在明清及其后不复建设。安吉境内有很大一部分古道是当地民众为了生产生活和相互交流的方便而建，如一些村落与村落之间，他乡与他乡之间，境内与境外之间的"村道""乡道"和"县道"。这从一些碑刻题记、道间桥梁的砌筑工艺和当地人介绍中可以印证为明清时期所建。如回峰岭古道旁的路碑，明确记载了该古道建于康熙三十七年（1698）。

民国年间，安吉境内明确记载这一时期建造的古道是位于报福镇深溪村的羊角岭古道。古道北段起点冰坑自然村处立的一通《修筑天目山羊角岭路孝丰段碑记》碑刻，记载着筑路缘由、募捐和用工情况。款署"民国三十年六月孝丰县县长高安刘能超撰，六四新村人陈记振庭书丹"。

3. 历史文化价值

古道，作为一种历史文化遗产，具有其特殊的文化内涵和特点，主要表现在以下几个方面：

历史信息的存储器。安吉境内的古道，虽没有茶马古道的神秘与险峻，也没有长亭古道的惆怅与眷恋；既没有秦岭古道的悠久与辉煌，也没有灞桥古道的繁荣与宽阔，更多的只是山间、小道、溪水、小桥、人家这些平淡而小

资的画卷。尽管如此,安吉的古道却也是一部装满了历史信息的存储器。据方志记载:

三国东吴大将凌统曾经走过独松关古驿道。

北宋宰相王安石经独松关到余杭釜托寺。

北宋方腊起义军在半岭古道的高坞关镇守,后被朝廷招安的梁山好汉打败,从此一蹶不振,最终灭亡。

金兵大将金兀术,渡长江、入两浙,偷袭独松关后留下"南朝可谓无人也,若遣羸兵数百守之,吾岂能飞渡哉?"之惊叹。

元将阿剌汗废建康(今南京),经古驿道,取独松关。

明朱元璋定都南京,经独松关翻越独松岭古驿道。

清咸丰十年(1860),李秀成为解天京(今南京)之围,出奇兵自皖南入浙攻杭州,亲率太平军攻独松关,与清军恶战数日,大败清军占关越岭,直下杭嘉湖平原。

抗战时期,抗战军经羊角岭古道开赴浙西,在独松关及独松岭上曾击毙日军十余人,有诗为证:"古道漫漫独松岭,金元悍将难生还。抗日枪声响峻岭,击死日寇埋空山"。

文学巨著《水浒传》中也有独松关及古驿道的描述:"卢先锋自从去取独松关,那关两边,都是高山,只中间一条路,山上盖着关所,关边有一株大树,可高数十余丈,望得诸处皆见,下面尽是丛丛杂杂松树……收拾得董平、张清、周通三人尸骸,葬于关上。"

…………

线型遗产的代表者。安吉山区的古道,跨溪越岭,穿行在山水间、垄头上、村落内。除古道外,部分道间存有关隘、古桥、碑刻等,所经线路及周边还有古村落、古建筑、古遗址、古墓葬等多种文物类型,形成了以点带面、连线成片的文化景观,是线形文化遗产的代表。

连接建康与临安的独松关古驿道除古道和道间关隘、古桥外,北端为关上自然村,该村村民为驻守独松关的南宋守将后裔,村内尚有数幢建于明清时期的古民居;村口有立于清嘉庆十三年(1808)"禁挖冬笋,护竹养林"的"奉宪禁碑"。

由安吉通往莫干山的半岭古道,除道间有高坞关和迎翠、龙诞、鸣泉等古桥外,沿途有明清时期的半岭庵基址、清代张家祠堂和建于民国的陈家民居等文物遗存。

羊角岭古道长10千米,纵横于安吉与临安的山水间,龙王庙、老屋基、千亩田等这些古道经过的自然村落,从地名即可知其蕴含的文化内涵。在原始、自然的生态环境中,羊角岭古道串联起了一幅自然与人文交织的美丽画卷。

民族交往的牵引线。在古代,西苕溪为南北文化交流的中转站,在向内地、山区的传播过程中,古道这一发达的交通网络,肩负起了传递文化、民族交往的使命。安吉历史上数次移民的大迁徙,都是沿着前人修筑的古道来此定居和发展的。很多村落都有来自不同地方的移民,他们居住在一起,相互包容,相互学习,建设自己的家园。同时,在村落与村落之间,人们也是通过古道相互走动与交流,增加感情。

连接着章里村与高二村的章里古道,拉近了两个村的距离,方便了居住在高山上的高二村村民下山闯荡外面的世界,而且高二村有数十位姑娘嫁到了章里村,两村俨然成了联姻村,古道为他们牵线搭桥,为两村的和谐相处起到了无可替代的作用。

居住于安吉报福镇上张村的程家,太平天国战争后从安徽的安庆迁徙到此,其祖上当时是挑着一担箩筐沿南坞山古道逃荒而来。安顿后,凭着勤劳耕作,勤俭持家逐渐发迹,并建起了占地2 000余平方米的程家大院,白墙黑瓦、马头封火墙尽显徽派建筑风格。徽式建筑在安吉的落地生根,异乡风

情在当地的入乡随俗,是古道完成了一次民族文化的接力。

曾经担负历史重任的古道,随着其功能的退化,慢慢地被遗忘;曾经发达的古道交通网络,被现代高等级公路所替代,渐渐地被弃用。但作为传承了数百上千年的遗产之精华,古道不该在我们的记忆中模糊,更不该在我们的视线中消失。

三

安吉境内古驿道遗存统计表

乡镇(街道)	名 称	所在地	线路(历史上)
递铺街道	坑岭古道	赤渔村铜关至坑岭强盗湾山体上	安吉至德清
	铜岭古道	赤渔村铜关至大鸡山东北侧山体上	安吉至德清
	禹山坞小岭古道	禹山坞村小岭山体上	安吉至德清
	半岭古道	石马村至张家岭大小岭山体上	安吉至德清
	大小岭古道	石马村大小岭山体上	安吉至余杭
	桃花岗古道	碧门村王家坞至桃花岗山体上	安吉至余杭
	高坞岭大岭古道	高坞岭村蒋家至石马村张家岭山体上	安吉至德清
	石塔岗古道	霞泉村石塔岗山体上	大坞关石塔岗顶
	田畝岭古道	高坞岭村北庄边至田畝岭山体上	安吉至德清
	里蛟河古道	高坞岭村里蛟河至白石坞山体上	安吉至德清
昌硕街道	百步栈古道	双溪口村关上至芽山顶山体上	关上至芽山顶
	独松关古驿道	双溪口村关上至独松岭山体上	建康至临安

（续表）

乡镇(街道)	名　称	所在地	线路(历史上)
山川乡	五里路古道	九亩村九亩田山体上	安吉至余杭
	桃花岭古道	九亩村九亩田至临安桃花坞山体上	九亩田至临安
	百步岭古道	船村村水淋坑山体上	山川至临安
	九曲岭古道	大里村秧田坞山体上	山川至临安
	白马岭古道	九亩田村阴山面与临安县交界的白马岭山体上	山川至临安
	蛇皮岭古道	大里村老凉亭山体上	山川至临安
	甘岭古道	大里村大里畈至牛城坞山体上	大里畈至牛城坞
	杨施岭古道	山川村上白兰至五岳村清吏杨施岭山体上	上白兰至五岳村
章村镇	章里古道	章里村西山体上	章里村至高二村
	河垓古道	河垓村与章村村交界的方车岭上	河垓村至章村村
	水家里古道	高山村水家里山体上	高山村至章村村
	土洞古道	长潭村凉亭土洞至双举塘水库山体上	土洞至双举塘
上墅乡	回峰岭古道	东坞村石塔底回峰岭山体上	上墅至临安
	武雀岭古道	刘家塘村狮子石水库至武雀岭山体中	上墅至孝丰
	欢喜岭古道	东坞村石塔底自然村欢喜岭脚至桃树岭欢喜岭山体中	上墅至临安
	东坞大岭古道	东坞村大岭脚至观音堂大岭山体上	上墅至天荒坪
梅溪镇	罗岭头古道	三山村墙门里至上舍村下半里罗岭头山山体上	三山村至上舍村
	马鞍岭古道	三山村何家边马鞍岭山体上	三山至马鞍岭山顶
	西子岭古道	上舍村田垓里西子岭上	田垓里至西子岭山顶
	上舍大岭古道	上舍村大岭脚东南大岭脚	大岭脚至大岭山顶

乡镇(街道)	名　称	所在地	线路(历史上)
梅溪镇	诸岭古道	姚良村诸岭山体上	缺失
	大路口古道	大路口村西北的丘陵坡地块	昆铜至递铺
	俞家舍古道	张家山村至俞家舍直坞坑山体上	张家山村至俞家舍
	庙思岭古道	钱坑桥村庙思岭山体上	昆铜至递铺
	苍蒲上古道	梓枋村苍蒲上、大山岭山体上	苍蒲山脚至苍蒲山顶
	龙华寺古道	路西村南楼坞地堂山山体上	路西至龙华寺
	三山古道	三山村何家边至三山头山体上	何家边至三山头
	六墩山古道	姚斗村南侧六墩山山体上	六墩山脚至六墩山顶
郜吴镇	金鸡岭古道	上堡村西南金鸡岭山体上	建康至临安
孝丰镇	狮岭古道	溪南村冷水坊至上市乡罗村村的山体和农田中	孝丰至上墅
天子湖镇	燕子岭古道	溪港村与燕子分水岭山体上	溪港至九龙寺
	牛头山古栈道	长隆村牛头山山体上	平阳至牛头山顶
报福镇	南坞山古道	上张村南坞山山体上	上张至深溪
杭垓镇	苦岭关古道	双舍村苦岭关山体上	孝丰至安徽